THOMAS & FRIENDS

きかんしゃ
トーマス
でつなげる
非認知能力
子育てブック

東京学芸大こども未来研究所 著

東京書籍

ウィルバート・オードリー
（1911 - 1997）

きかんしゃトーマスのお話は
どれも事実のようなフィクションのようなお話です。
それはつまり、これらのお話はどれも
いつか、どこかで本当に起こった
出来事なのです。

The stories in the Engine Series are all fact/fiction.
That is to say they are all based on something
which *has really happened to some engine somewhere, some time.*

W. Awdry
The Island of Sodor, 1987

はじめに

　本書を手に取ってくださり、ありがとうございます。この本は、『きかんしゃトーマス』を「非認知能力」という、これからの教育を考えていくうえで大切だと言われている視点から検証した結果に基づいて生まれました。子どもたちのコミュニケーション能力や、思いやり、自制心、意欲、忍耐力などの非認知能力の向上に少しでも貢献できること、そして、子どもたちの一番身近な教育者である保護者の皆さまに「非認知能力ってこういうことか！」と具体的なイメージをもっていただき、普段の子育てに活かしていただけたら……という願いを込めています。

　認知能力は、たくさんの問題集やドリルを解いたり、読み書きや暗記をしたりするなど学習することでその向上が期待され、その力は学力テストで測ることができると言われています。一方、非認知能力は、その育ちを確認したり測ることは容易ではありません。子どもたちの普段の生活全体を通して豊かに育まれていることが予測されます。つまりは、親子で会話を楽しんだり、一緒にあそんだりと、「親子の関わり」の時間にこて非認知能力の育ちに関わるエッセンスを加えることが必要なのではないでしょうか。

本書では、『きかんしゃトーマス』のお話を読んだとき、どのような親子の会話へと繋げることができるか、また各キャラクターはそれぞれのお話の中でどのような気づきがあったのか、そのヒントを「Part１.非認知能力につなげるきかんしゃトーマスのお話」で示します。また、「Part２.非認知能力につなげるきかんしゃトーマスの図鑑」では、各キャラクターがお話の中でどのような気づきがあったのかに加え、色や文字などの認知能力的な学びにもつながるよう、キャラクターの色を示したり、漢字にルビを振る工夫もしました。

　昨今、『きかんしゃトーマス』のお話は文学的価値が高いと評価されています。それに加え、新たな視点から教育的価値を見出そうとたくさんの願いや仕掛けをし、冒険した結果がこの本です。いつものお子さんとの時間に、新たな彩りが添えられるように、本書を親子で楽しみながらお役立てください。

　『きかんしゃトーマス』は子育てを豊かにしてくれる存在に思えます。それは、子どもに「あそび」という最高の学びの機会を提供するだけでなく、時には大人に癒しを与えてくれるからです。本書を通じて、ソドー島で起きているたくさんのドラマが、親子、それぞれに希望をもたらしてくれることを願って。

東京学芸大こども未来研究所

CONTENTS もくじ

ウィルバート・オードリーの言葉 ………………………………………………… 2

はじめに …………………………………………………………………… 3

そもそも非認知能力とは ……………………………………………………… 8

きかんしゃトーマスと非認知能力の研究 …………………………………… 11

『きかんしゃトーマス』のぶたい ソドー島の地図 ……………………… 14

機関車たちの役割 …………………………………………………………… 16

Part1 非認知能力につなげる きかんしゃトーマスのお話の説明 ……… 18

Part1
非認知能力につなげる
きかんしゃトーマスのお話

トーマスのはやおき ………………………………………………………… 20

やくにたつしろいぼうし …………………………………………………… 28

トビーとバッシュ …………………………………………………………… 36

ルークのあたらしいともだち ……………………………………………… 44

レッジのクリスマスプレゼント …………………………………………… 52

おさわがせなケイトリン …………………………………………………… 60

エミリーとせんたくもの …………………………………………………… 68

クリスマスのさいしゅうれっしゃ ………………………………………… 76

ケビンのじまんのフック …………………………………………………… 84

シマシマのゴードン ………………………………………………………… 92

トーマスと仲間たちのかかわり …………………………………………… 100

コラム きかんしゃトーマス誕生秘話/緑色のトーマス？ …………… 102

Part2 非認知能力につなげる きかんしゃトーマスの図鑑の説明 ……… 104

Part2
非認知能力につなげる
きかんしゃトーマスの図鑑

01 トーマス ……………… 106

02 ヒロ ………………… 107

03 パーシー ……………… 108

04 ゲイター ……………… 109

05 ケビン ………………… 110

06 ビクター ……………… 111

07 ゴードン ……………… 112

08 スペンサー …………… 113

09 ベル …………………… 114

10 フリン ………………… 115

11 ブッチ ………………… 116

12 ハロルド ……………… 117

13 ジュディ /14 ジェローム …… 118

15 スキフ ………………… 119

16 トップハム・ハット卿…… 120

17 ウィンストン ………… 121

18 トップハム・ハット卿のお母さん 122

19 エミリー ……………… 123

20 ケイトリン …………… 124

21 コナー ………………… 125

22 サムソン ……………… 126

23 トード ………………… 127

24 ダック ………………… 128

25 ジェームス …………… 129

26 トビー ………………… 130

27 ハンナ ………………… 131

28 アニー /29 クララベル…… 132

30 バーティー …………… 133

31 クランキー …………… 134

32 カーリー ……………… 135

33 ソルティー …………… 136

34 ダッシュ /35 バッシュ /

36 ファーディナンド ……… 137

37 マイク ………………… 138

38 レックス ……………… 139

39 バート ………………… 140

40 ダンカン ……………… 141

41 ピーター・サム ……… 142

42 レニアス ……………… 143

43 ルーク ………………… 144

44 ミリー ………………… 145

45 スティーブン ………… 146

46 グリン ………………… 147

47 フィリップ …………… 148

48 エドワード ……………… 149

49 ヘンリー ……………… 150

50 チャーリー ……………… 151

51 ビル/52 ベン ……………… 152

53 ティモシー ……………… 153

54 マリオン ……………… 154

55 デン/56 ダート ……………… 155

57 ディーゼル ……………… 156

58 メイビス ……………… 157

59 パクストン ……………… 158

60 シドニー ……………… 159

61 ハーヴィー ……………… 160

62 レッジ ……………… 161

63 スタフォード ……………… 162

64 ヒューゴ ……………… 163

65 マックス/66 モンティ ……… 164

67 テレンス ……………… 165

68 デイジー ……………… 166

69 ライアン ……………… 167

70 ドナルド ……………… 168

71 ダグラス ……………… 169

72 ウィフ ……………… 170

73 スクラフ ……………… 171

74 ディーゼル 10 ……………… 172

対　談

きかんしゃトーマスと非認知能力の関係性を探る ……………… 173

コラム

大井川鐵道を走るトーマス ……………… 178

きかんしゃトーマスとSDGs ……………… 180

いくつかのお話が生まれたきっかけ ……………… 182

紅茶と帽子とクリスマス ……………… 184

研究対象としての『きかんしゃトーマス』 ……………… 186

トーマスからの卒業 ……………… 187

おわりに ……………… 188

参考文献 ……………… 190

そもそも非認知能力とは

　文字の読み書きができることや、足し算や引き算ができるといった学習を通して獲得できる、揺るがない能力は「認知能力」と呼ばれ、IQ（知能指数）という言葉からも連想されるように高ければ高い方が良い能力とされています。一方で、「思いっきり走り回りたいけど、今は我慢しよう」と自分の感情をコントロールすることや、「協力して問題解決しよう」と自分以外の誰かと協調的に関わることができること、主体性、自己肯定感を持つこと等は「非認知能力」と呼ばれます。

　この非認知能力も高ければ高い方が良いのでしょうか？　そのように考えると、踏み止まってしまいます。ここが非認知能力という言葉に迫るひとつのヒントになると思われます。非認知能力という言葉は、「認知能力」に「非」がついていることから“認知能力”ではないものであり、非常に広範で、私たちのパーソナリティ（個性、その人らしさ）をも含むものとして考えられています。[*] そのため、我慢する意識があまりに高くなりすぎてしまうと、その人らしさともいえるような自分らしい立ち振舞いができなくなってしまうことから、非認知能力は高ければ高い方が良いものではなく、状況に応じて、意識的に使い分けることが望まれる能力といえます。

　2000年にノーベル経済学賞を受賞したアメリカの経済学者J. ヘックマン（1944-）らは、3～4歳の子ども123人を対象とした研究を実施しました。その後約40年にわたって追跡調査をした結果として、非認知能力には、認知能力を強化したり、認知能力の育ちを促進する可能性があり、さらに幼児期における非認知能力の育成に力を入れることは、将来の就労や経済力、健康などにも影響を及ぼすことを報告し

＊諸説あります。

8

ました。この報告を筆頭に、非認知
能力は一躍世界の教育研究者の注目
を集めることとなり、その後、別の
研究機関の調査結果からは、非認知
能力は幼児期早期から人生を通して
発達するものであることもわかって
きました。

　子どものみならず、大人でも伸ばせる可能性がある非認知能力ですが、そのベー
スは３歳ごろまでに作られるともいわれており、幼い時に身につけるほど、良い影
響が長く続くとされています。日本における幼児教育の方針にも、非認知能力の視
点が「学びに向かう力・人間性等」という言葉で位置づけられ、日本の幼児教育全
体が、非認知能力の考え方を重要なものとして受け止めていると言えます（平成
29年告示、平成30年４月施行『幼稚園教育要領』『保育所保育指針』『幼保連携型認
定こども園教育・保育要領』）。

　では、子どもの非認知能力の育ちに何か役立つことをしたいと思った場合、どの
ような視点をもつことができるのでしょうか。認知能力はテストをし、再現性の正
否を数値化することで、その結果から苦手な箇所を見つけ、弱点を克服できますが、
非認知能力は数値で測ることが困難であることも大きな特徴です。それは認知能力
のように明確な正否による数値化が困難であるため、たとえば「今回の我慢は65点！」
という場合、何によって65点という数値が導き出されたのか、課題が残ります。

　また、非認知能力は「めっくないような能力」という風にも考えられる点がさら
に数値化に困難をもたらします。たとえば、基本的には協調的な活動ができる子ど
もも、ある日、お友だちとけんかをしてしまったがためにいつもならば発揮できる
協調性を発揮できないということが考えられるため、ある時は発揮できていたのに、
ある時は発揮できないということが往々にしてあるということです。つまりは、非

認知能力とは常に持っている普遍的な能力というよりは、特定の文脈と関連した行動であり、見とりにおいては数値化するということよりも、特定の文脈においてどういう行動をとるのか、という「ストラテジー（戦略）」の豊かさを視点として持つことが有益と考えられます。

　ストラテジーという言葉をヒントに非認知能力を考えていくと、この文脈における「非認知能力が高い」とは、ある状況に置かれたとき、なるべく好ましい結果になるような方法を豊かにもっているということを指します。

　けんかをしてしまった時、「ごめんね」と謝ることもひとつの方法ですし、つらくても一度相手の不満を全て受け止めてみることも良いでしょう。相手の好きなものをそっとプレゼントすることでも仲直りできるかもしれません。このような、特定の文脈における様々な方略の獲得（非認知能力の育ち）を支援することで、子どもたちが本当にその状況に置かれたとき、適切な方法を選択できるという意味で、生き抜く力になるのだと思われます。

きかんしゃトーマスと非認知能力の研究

　2018年6月から2019年5月の間、東京学芸大こども未来研究所と株式会社ソニー・クリエイティブプロダクツは、『きかんしゃトーマス』の教育的効果を検討するための共同研究プロジェクトを実施しました。この研究では、特に非認知能力の観点から『きかんしゃトーマス』を見ていくために、大きく3つの調査を行いました。

　以下、調査ごとにその内容を抜粋してご紹介します。

1．アニメーションの主題分析（第13シリーズ〜第21シリーズ）

　『きかんしゃトーマス』のTVアニメーションのうち、とりわけCG版のアニメーション計204話（第13シリーズ〜第21シリーズ）を対象とした調査を行いました。ここでは、各お話に含まれている主題（テーマ）をナレーションやキャラクターのセリフ等から拾い上げ、右下の図のように整理をしました。

　ここから、『きかんしゃトーマス』のお話には、私や他者、場についての理解を深めていくようなお話と、他者や役割を含む場へ私がどのように関わっていくかというお話の大きく2分類があり、それぞれに小分類が4つずつあるということがわかりました。実際に抽出されたテーマを見てみると、「それぞれの役割を理解し、尊重する」（B:他者理解）、「役に立つことと役割を果たすことの違い」（D:役割理解）、「友達に指摘することは友達を傷つけることではない」（G:他者への向き合い方）、「困難な状況であっても仕事を達成することの大切さ」（H:役割との向き合い方）な

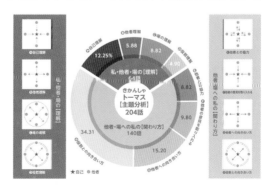

ど、それぞれのお話の中心を担うキャラクターが非認知能力に関連した気づきを得るような内容性であることが明らかになりました。

2．質問紙調査

　2019年1月28日から2月15日の間に、『きかんしゃトーマス』に興味のある子どもの保護者を対象に、インターネットを利用した質問紙調査を行いました。202名からの回答があり、回答者の平均年齢は37.2歳となりました。質問の内容は、子どもの非認知能力に関すること、保護者の養育態度に関すること、『きかんしゃトーマス』のアニメやおもちゃに関すること、が主な内容です。回答者が回答対象とした子どもの平均年齢は、4歳1ヶ月でした。

　回答者の子どもが特に好きな『きかんしゃトーマス』のキャラクターとして、1位トーマス、2位パーシー、3位ゴードン、4位ヒロ、5位ジェームス、が挙げられました。好きになるキャラクターと子どもの非認知能力の程度には特に関係はなく、「このキャラクターを好きになる子どもが特に非認知能力が高い」ということは、言えないことが明らかになりました。また、キャラクターとして「トーマス」が特に好きでも、そうでなくても、『きかんしゃトーマス』自体への関心の差はなく、同じように『きかんしゃトーマス』のアニメやおもちゃが好きな子どもたちが多いことがわかりました。

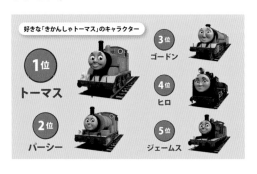

好きな「きかんしゃトーマス」のキャラクター
1位 トーマス
2位 パーシー
3位 ゴードン
4位 ヒロ
5位 ジェームス

　子どもの非認知能力として、遊びに集中して取り組んだり、遊びや生活の中で自発的な姿がみられる程度が高い結果となりました。保護者の養育態度の影響を調べた結果、子どもを中心に考えていっしょに過ごそうとする度合いが高いと、子どもの

非認知能力も高くなる傾向が示されました。また、子どものしつけに関してルーズにならず一貫性があると、子どもの認知能力は高くなる傾向がありました。

『きかんしゃトーマス』の子どもたちへの影響として、認知能力とされる文字や言葉の理解、数字の理解、音楽や色への興味などが、保護者から挙げられました。また、非認知能力の中でも特に、社会のルールへの理解や人の役に立つこと、思いやりや協力などの概念が挙げられたことは、『きかんしゃトーマス』の世界観の影響を受けていることの特徴であると考えられます。

3. 子どもたちのプラレール遊びの観察調査

　2018年9月から2019年2月の間、計9回にわたって、3歳から5歳の子どもを持つ一般親子計20組を対象としたアニメ鑑賞教室を実施しました。会場内にはプラレールトーマスシリーズや木製レールシリーズ等を用意し、各回は、子どもが会場内で自由に遊ぶ時間を約20分、『きかんしゃトーマス』のアニメーション視聴を約20分、再び自由に遊ぶ時間を約20分という計1時間ほどの活動を行いました。

　この調査では、子どもたちが自由に遊ぶ様子を記録した映像から遊びを抽出し、「感覚遊び」「受容遊び」「構成遊び」「ごっこ遊び」「ルール遊び」の5分類にて年齢ごとの特徴を整理しました。その結果、3～5歳に共通して見られた構成遊びの他、3歳児では感覚遊び、4、5歳児ではごっこ遊びやルール遊びが特徴的に見られたことから、プラレールや木製レールは、発達に応じて幅広い遊びを許容する玩具であることが示唆されました。

Hくん（3歳）とお母さん

『きかんしゃトーマス』のぶたい
ソドー島の地図

ハーウィック

コンストラクション・ヤード

69

68

ファーカーロード

アールズバーグのみなと

アールズデール・グリーン

カーク・マッシャン

15

37 38

13 14

アールズデールえき

アールズバーグ・ウエストえき

39

きょうりゅう パーク

ウルフ ステッドじょう

ホールトラフ

58

26 27

44 45

65 66

スドリアンかい

28

ファーカーえき

46

72

23 24

63 29

30 67

マロンえき

73

ティトマスえき

ディドマスきかんこ

2

19

クロスビー

3 61 7

64

キルディーン

1

ナップフォードえき

クロンク

ウェルスワースえき

47

62

9 10

16 17 18

48

11 12

ソドー
どうぶつえん

50

51 52

4 31

53 54

32 33

ブレンダム
のみなと

せんろのなまえ

ほんせん	
しせん	
アールズデール てつどう	
こうざん てつどう	
カルディー・ フェルてつどう	

たくさんの機関車たちが今日も元気に
ソドー島ではたらいているよ。
地図上の番号は、右の表の番号と、
Part2 の図鑑ページの番号をあらわし
ているよ。
さあ、地図を見ながらみんながいる場所
をさがしてみよう！

1	トーマス	38	レックス
2	ヒロ	39	バート
3	パーシー	40	ダンカン
4	ゲイター	41	ピーター・サム
5	ケビン	42	レニアス
6	ビクター	43	ルーク
7	ゴードン	44	ミリー
8	スペンサー	45	スティーブン
9	ベル	46	グリン
10	フリン	47	フィリップ
11	ブッチ	48	エドワード
12	ハロルド	49	ヘンリー
13	ジュディ	50	チャーリー
14	ジェローム	51	ビル
15	スキフ	52	ベン
16	トップハム・ハット卿	53	ティモシー
17	ウィンストン	54	マリオン
18	トップハム・ハット卿	55	デン
	のお母さん	56	ダート
19	エミリー	57	ディーゼル
20	ケイトリン	58	メイビス
21	コナー	59	パクストン
22	サムソン	60	シドニー
23	トード	61	ハーヴィー
24	ダック	62	レッジ
25	ジェームス	63	スタフォード
26	トビー	64	ヒューゴ
27	ハンナ	65	マックス
28	アニー	66	モンティ
29	クララベル	67	テレンス
30	パーシー	68	デイジー
31	クランキー	69	ライアン
32	カーリー	70	ドナルド
33	ソルティー	71	ダグラス
34	ダッシュ	72	ウィフ
35	バッシュ	73	スクラフ
36	ファーディナンド	74	ディーゼル10
37	マイク		

ディーゼル
せいびこうじょう

ディー・フェル
ミットえき

ヴィカーズタウンえき

レイクサイドえき

ヘンリーのトンネル

スカーロイ

⑩ ㊶ グレンノック

㊷ ㊸

ソドーせいびこうじょう

⑤ ⑥ クロバンズゲートえき

ケルスソープ・ロード

㉕

バラッドウェイル

⑦⓪ ⑦①

カーク・ローナン

バラフー

ノランビー

ミスティ
アイランド

㉞

㉟

㊱

⑧ ⑳
㉑ ㉒
㊺ ㊻ ㊼
㊾ ⑥⓪ ⑦④
㊾

15

機関車たちの役割

ソドー島では、機関車たちがそれぞれの個性を活かして役に立つ仕事をしているよ。どんな役割があるのか、一緒に見てみよう。

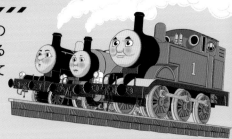

01 運 ぶ

トーマス、デイジー、ゴードン他

お客さんが行きたいところまで安全に連れて行ったり、郵便や荷物などを必要な場所へ届けるのが仕事。たくさんの機関車が、毎日いろんなものを運んでいるよ。

02 助ける

ベル、フリン、ジェローム他

脱線した機関車を助けたり、火事が起これば水をかけて消火するのが仕事。事故が起きたところへ駆けつけて、少しでも早くみんなが安全な生活に戻れるようにするためのとても重要な仕事なんだ。

03 修理する

ビクター、ケビン、デン、ダート他

機関車の点検やペンキの塗り直しをしたり、みんなで協力して壊れた機関車を直すのが仕事。機関車たちがいつでも安全に走ることができるように支えているよ。

04 管理する

トップハム・ハット卿他

機関車たちが時間通りに仕事をできているか確認をして、事故を起こしたときには次に同じ失敗をしないように注意するのが仕事。機関車と作業員、お客さんみんなの幸せを考えているよ。

05 その他

ハーヴィー、トード他

他にも、物を運ぶことと助けることの２つの役割を持った機関車や、ブレーキ車のように、一緒に走る機関車を、もしもの時に守ってあげることを仕事とする貨車もいるんだ。

Part 1

非認知能力につなげる
きかんしゃ
トーマスのお話

の説明

下図の主題分析
に基づく分析表

実線の矢印は、相手キャラクター
対して話しかけたり行動したこと

下図の主題分
に基づく分析

お話のテーマと
伝えたいこと

問いかけ部分が掛かってくるお話
の中の一文を色と下線でマーク

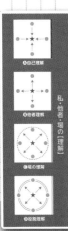

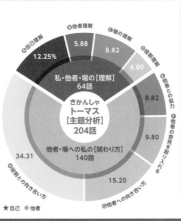

お話を読んだり聞いたりする上で、非認知能力に
つながる気づきポイントを引き出す問いかけ

このお話の中心を担ったキャ
ラクターが何が大切で何を得
たかをふりかえる言葉

破線の矢印は、相手
キャラクターに対し
て心の中で感じたり
考えたりしたこと

❹自己理解

❻他者理解

❼場の理解

❽役割理解

私・他者・場の【理解】

❶他者との協力

❷他者の意見を取り入れる

❸他者への私の向き合い方

❹役割との向き合い方

他者・場への私の【関わり方】

★自己　●他者

❻他者理解 5.88
❼場の理解 8.82
❽役割理解 4.90
❶他者との協力 8.82
❷他者の意見を取リ入れる 9.80
❸他者への私の向き合い方 15.20
❹役割との向き合い方 34.31
❹自己理解 12.25%

私・他者・場の【理解】
64話

きかんしゃ
トーマス
【主題分析】
204話

他者・場への私の【関わり方】
140話

18

Part 1

非認知能力につなげる
きかんしゃ
トーマスのお話

相手の言葉に耳を傾けたり、最後まであきらめずに頑張ることの大切さなど、各キャラクターはお話を通して非認知能力の視点に気づかせてくれます。『きかんしゃトーマス』の10のお話について、親子で一緒に読んだり、お話の流れをふりかえってキャラクターの気持ちを考えたり、話し合ったりしてみましょう。

お話の背景

…ンが故障してしまったパーシーに代わって、…った。トーマスはとてもわくわくしていた。

…をだれかに教えてもらって上手にできって挑戦して取り組むことはいろんな人…ている人に教えてもらうということも何…やり方がわからなくて不安なことがあ…う。

トップブレム・ハット卿の言葉

お話の時間軸

…このお話で描かれていた…非認知能力に関連した気…づきを、実生活につなげ…るまとめ

「トーマスのはやおき」

主題 わかった気にならずに
教えてもらうことの大切さ

Ｆ他者の意見を取り入れる

ソドー島ではいつも機関車たちが、いそがしくはたらいています。

ゴードンは急行列車を引っ張り、パーシーはゆうびん物を配り、そしてトーマスはお客さんを乗せ、元気一杯に走っていました。

ある朝、トーマスは機関助手が仕事に出かけるじゅんびをしている時、親友のパーシーがいないことに気がつきました。

「おはよう、ジェームス。パーシーを知らないかい？」とトーマスが聞くとジェームスは「さあ、いそがしくてそんなことわからないよ」と気のない返事をしました。

そこにトップハム・ハット卿がやってきました。

「トーマス、パーシーはピストンがこしょうしてしまったようで、今から整備工場にいくところだ。きっと明日はゆうびん配達ができないだろう。きみが代わりにやってくれたまえ」とトップハム・ハット卿は言いました。

トーマスはワクワクしました。

「ゆうびんを配達するのははじめてだ！」

彼は大きく汽笛を鳴らしました。

「わかりました！　一度配達してみたかったんです」とトーマスは答えました。

「では、きみにまかせよう。しっかりやるんだぞ！」

トップハム・ハット卿は、ねんをおしました。

トーマスは「もちろん、がんばります！　まかせてください！」と意気込みました。

トーマスは踏切でゴードンに会いました。

「パーシーは修理中なんだ。明日はぼくが代わりにゆうびん配達をするんだよ」とゴードンに言いました。

ゴードンは「パーシーの代わりにか？　ちゃんとやり方は教わったんだろうな？」と聞きました。

<u>「大丈夫さ、ゴードン。ゆうびん配達のことなら知っているもん」</u>とトーマスは得意げ。

ゴードンは「ふん、だったらいいがな」と言いました。

トーマスは一日中、一生懸命はたらきました。そしてその夜、彼はパーシーに会うために整備工場へ行きました。パーシーはひどく落ちこんでいました。

「ピストンはなおったかい？　パーシー」トーマスが聞くとパーシーは、「ううん、まだなおってないんだ」とかたを落としています。

「安心して、明日はぼくがゆうびん配達するからね！」とトーマスが言うとパーシーは、「ありがとう、トーマス。わからないことはない？」と聞きました。

どうしてトーマスは「大丈夫」と自信を持って言ったのだろう？

「全部わかってるから平気さ。そうだ、もうねないとね。明日は早起きしなきゃいけない」

トーマスが自信ありげに言ったので<u>パーシーは少し不安になり</u>、

「トーマス、本当に大丈夫なんだね？」とねんおしをして聞きました。

「もちろんだよ、パーシー。もう機関庫にもどらなきゃ。たっぷりねておかないと。じゃあね」

そう言ってトーマスは機関庫へ帰って行きました。

次の朝、トーマスはとても早起きをしました。ゆうびん貨車を引いて走るのがとてもうれしかったのです。

でもまだこの時間は鳥の鳴き声さえしません。だれもがまだゆめの中にいるのです。

さいしょにトーマスは石切り場へやってきました。

トーマスは「石切り場の人にゆうびんがとどいたことを知らせなきゃ！」と言いました。

ワクワクしていたトーマスは汽笛を大きく鳴らしました。そして元気よく走り出しました。

でも彼はその汽笛でメイビスを起こしてしまったことには気がつきませんでした。

「もう……うるさくて目がさめちゃったわ」とメイビスは言いました。

次にトーマスは港にやってきました。

トーマスは「港の人たちにもきたことを知らせなきゃ」と言いました。ワクワクしていたトーマスは、ここでも汽笛を大きく鳴らしました。

パーシーはどうして不安になったのだろう？

その音でクランキーが目をさましました。

トーマスはまた元気よく走り出しましたが、彼は汽笛でクランキーを起こしてしまったことに気がつきませんでした。

「朝っぱらからだれだ？」

クランキーはあくびをしながら言いました。

　トーマスは「すごく楽しいな」とつぶやき、整備工場にやってきました。

「整備工場の人たちにもきたことを知らせよう」

　ワクワクしていたトーマスは、今までで一番大きく汽笛を鳴らしました。

　ビクターはその音にびっくりしてため息をつきました。

　トーマスはまた、ウキウキした気分で走り出しました。でも彼は大きな音でビクターとケビンを起こしてしまったことに気がつきませんでした。

「いまのはなんだったんでしょ、ボス？」とケビンが聞くと

「さあな、ケビン。なんだろう、こんな朝早くからなあ……」とあくびをしながらビクターが答えました。

　トーマスはその朝もずっと一生懸命はたらきました。彼はあちこちで汽笛を大きく鳴らして走りました。

「ゆうびん配達って楽しいな！」とトーマスはつぶやきました。

　すぐにトーマスはゆうびん配達を全部終わらせました。そろそろ休けいのため、機関庫にもどる時間です。

　石切り場を通りかかったとき、トーマスはメイビスを見かけました。

　彼女は石をつもうとしているところでした。そのときです。

　メイビスが正しい位置に貨車を止めていなかったので、石があちこちにちらばってしまいました。

「おかしいで、メイビスがあんなミスをするなんて」とトーマスが言いました。

　トーマスはメイビスがねむりこんでいることに気がつきませんでした。

　メイビスは寝息を立てています。彼女はねぼけてミスをしてしまったのです。

　次にトーマスは港を通りかかりました。クランキーが船から大きな木箱をおろしています。

　その時です。クランキーが木箱を地面に落とし、バラバラにしてしまいました。

「おかしいぞ、クランキーがあんなミスをするなんて」とトーマスが言いました。

トーマスはクランキーがねむりこんでいることに気がつきませんでした。

クランキーはねぼけていたのです。クランキーはいびきをかいています。

トーマスが機関庫にもどってきました。彼はパーシーに配達のことを話したい気持ちでしたが、そこにいたのはトップハム・ハット卿でした。トップハム・ハット卿はカンカンです。

「トーマス！　朝早い時間から大きな汽笛を鳴らして、メイビスを起こしてしまったようだな！　港でもクランキーを起こし、整備工場ではビクターも起こした！　みんな寝不足でミスをしてしまったんだぞ」

トーマスは自分の汽笛がみんなを起こしてしまったとわかり、とてもがっかりしました。

「すみません。トップハム・ハット卿。ぼくのせいです」

「いいか、トーマス。明日はちゃんと仕事をするんだぞ。パーシーはまだ修理中だからな」

「わかりました、しっかりやります！」

その時ゴードンがやってきました。彼はトーマスに問題があったことを聞いていたのです。

トーマスは「きみの言う通りだったよ。ゆうびん配達は大変な仕事だ。パーシーに聞けばよかった。今度はちゃんと教わるからね」と言いました。

その夜、トーマスは整備工場のパーシーをたずね、ゆうびん配達についてくわしく聞きました。パーシーは静かに運ぶことが大切だと教えてくれました。

次の日もトーマスは朝早くに出発しました。

メイビスはいびきをかいています。トーマスは石切り場に到着しても汽笛を鳴らさず、メイビスを起こさないように静かに走りました。次にトーマスは港にやってきました。ここでも彼が汽笛を鳴らすこ

とはありませんでした。クランキーを起こさないようにしたのです。クランキーはいびきをかいています。最後にトーマスは整備工場にやってきました。ゆうびんをとどけるあいだ、彼は一度も汽笛を鳴らしませんでした。ビクターもねむったままです。ビクターのいびきと寝言が聞こえます。

でもパーシーは親友のトーマスに会うために早起きをしていました。

「すごいじゃないか！　トーマス！　ちゃんとゆうびんをとどけられたね」とパーシーがほめると、

「ありがとう、パーシー。ゆうびん配達で一番大切なことがわかったよ。静かに運ぶこと。そうだろ？」

パーシーはうれしくて汽笛を大きく鳴らしたくなりました。

でもその時、彼はトーマスがねむりこんでいるのに気がつきました。トーマスはいびきをかいています。

パーシーは「おやすみ、トーマス」と声をかけました。

トーマスは役に立つ仕事を終わらせて、幸せな気分でねむっていました。

お話の流れ

「トーマスのはやおき」

主題 わかった気にならずに
教えてもらうことの大切さ

@他者の意見を取り入れる

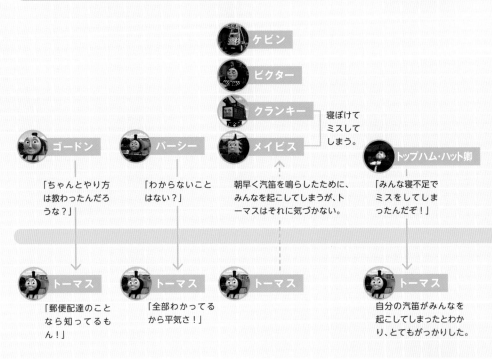

ケビン

ビクター

クランキー ─┐ 寝ぼけて
　　　　　　　ミスして
　　　　　　　しまう。

ゴードン　　　　パーシー　　　　メイビス ─┘　　　　　　トップハム・ハット卿

「ちゃんとやり方　　「わからないこと　　朝早く汽笛を鳴らしたために、　　「みんな寝不足で
は教わったんだろ　　はない？」　　　　　みんなを起こしてしまうが、ト　　ミスをしてしま
うな？」　　　　　　　　　　　　　ーマスはそれに気づかない。　　ったんだぞ！」

トーマス　　　　トーマス　　　　トーマス　　　　　　トーマス

「郵便配達のこと　　「全部わかってる　　　　　　　　　自分の汽笛がみんなを
なら知ってるも　　から平気さ！」　　　　　　　　　起こしてしまったとわか
ん！」　　　　　　　　　　　　　　　　　　　　　り、とてもがっかりした。

**トーマスの
ふりかえり**

はじめての郵便配達にとてもワクワクしていたから、郵便配達
をするうえでとても大切なことを知らないまま働いてしまったん
だ。任された仕事について、わかった気にならず教えてもらう
ということはとても大切なことだとわかったよ。

ある日トーマスは、ピストンが故障してしまったパーシーに代わって、郵便配達をすることとなった。トーマスはとてもわくわくしていた。

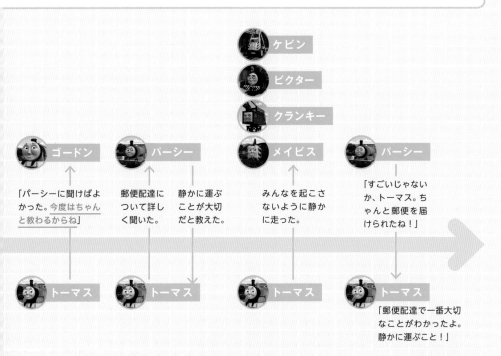

ケビン

ビクター

クランキー

ゴードン

「パーシーに聞けばよかった。今度はちゃんと教わるからね」

パーシー

郵便配達について詳しく聞いた。

静かに運ぶことが大切だと教えた。

メイビス

みんなを起こさないように静かに走った。

パーシー

「すごいじゃないか、トーマス。ちゃんと郵便を届けられたね！」

トーマス

トーマス

トーマス

トーマス

「郵便配達で一番大切なことがわかったよ。静かに運ぶこと！」

きみは、やり方がわからないことをだれかに教えてもらって上手にできた経験はあるかな？　自分の力で挑戦して取り組むことはもちろん大切だけれども、やり方を知っている人に教えてもらうということも同じくらいに大切なんだ。もし、やり方がわからなくて不安なことがあれば知っている人に聞いてみよう。

トップハム・ハット卿の言葉

「やくにたつしろいぼうし」

主題 くふうして安全を確保すること

ⓗ役割との向き合い方

鉄道の線路の上では　いつどんな問題が起こるかわかりません。

だから機関車たちはいつでも注意しながら走っています。

秋は線路にまい落ちる枯葉ですべりやすくなりますし、冬は雪と氷に一苦労。春は動物たちが元気に活動をし始めます。暑い夏も注意が必要です。気温が高く、乾燥している日は特に火事が起きやすいのです。そのことを消防車のフリンとベルはよく知っていました。

ある夏の暑い日、ふたりが線路わきの火を消し終えてソドーレスキューセンター

にもどろうとした時のことです。ベルの体が急にガタガタとゆれ始めました。

「きゃあ！　な、何が起こってるの？」

「線路だよ！　どうやら熱で線路が曲がってしまっているようだ。うわぁ！　気温が高くなる

といつもこのへんは線路がグニャグニャに曲がってしまうんだ」

フリンは「水をまいて線路をひやしてくれないかベル。ぼくにはもう水が残っていないんだ」と言いましたが、ベルは「わたしにはまだあるけど、今は使わない方

がいいと思うわ。いつまた火事が起こるかわからないから」と言って出発しました。

　ナップフォード駅に「おはようございます！」と、元気よくトーマスが入ってきました。

　暑がりのトップハム・ハット卿は「ああ、あつい！　あつすぎる！　まるでさばくの真ん中でやかれているジャガイモにでもなった気分だよ」と、黒い帽子で顔をあおいでいます。

「だから助けに来てあげたわよ」と、客車からひとりの女性がおりてきました。

「お母さん！」

　驚いたトップハム・ハット卿はさけびました。

　トップハム・ハット卿のお母さんは「あなたを涼しくするいいものを持ってきてあげたわよ。目をとじてごらんなさい」と笑っています。

　彼は好物のアイスクリームを持ってきてくれたのだと思い、ワクワクして目をつむりました。

　ところが、目をあけるとそこにあるのは白い帽子です。トップハム・ハット卿の不安そうな顔をよそに、彼女は満足そうです。

　彼がおそるおそる「どうして白い帽子なんですか？」とたずねると、彼女は得意げに返しました。

「それはね……、黒は光を吸収するのよ。黒い帽子をかぶると暑く感じるのは当たり前。それにくらべて白い帽子は光を反射するからすずしいのよ。もちろん涼しい方がいいに決まってるわよね、トップハム？」

　トップハム・ハット卿も「で

もこれじゃ、まるでアフリカたんけんにいくみたいじゃないですか？」と引き下がりません。

　しかし、お母さんは「暑くて後で後悔するよりいいでしょう」と彼の言うことを気にせず、笑ってふたたび客車へもどっていきました。

　トーマスも「その通りですって！　アフリカでゾウさんのむれに会うかもしれませんよ！」と笑いました。

　近くで見ていた乗客たちも笑っています。

「ああ、まったく、なんてこった……」と彼はかたを落としました。

　太陽はじりじりとてりつづけ、曲がった線路はどんどんあつくなっていきました。

　あつくなればなるほど、ぐにゃぐにゃと曲がっていきます。

　その線路をウィフも走っていきました。車体がゆれ、積んでいたビンが貨車から1本転がり落ちました。ビンに太陽の光が集まり、静かにけむりが上がっていきました。

　ナップフォード駅の駅長室ではトップハム・ハット卿が電話を受けています。

「線路が曲がってる？　まったく。こんな時はどうしても問題が起きるな。わかった、すぐに現場に向かう。それじゃあ。ああ、やれやれ」とでかけようとした、その時です。つくえの上にかざったお母さんの写真がせきばらいをしました。トップハム・ハット卿は動揺して「ええ!?」と声をあげました。

　お母さんはきびしい顔をこちらに向けて言います。

「トップハム！　まさかこの帽子をおいて出かけるつもりじゃないでしょうね！」

　トップハム・ハット卿は何がおきたのかわからず、首を大きくふってもう一度目を開けました。そこにはしずかにほほえんでいるお母さんの写真しかありません。

「はあ…わかりましたよお母さん」

　なにかをさとったトップハム・ハット卿は、あきらめて白い帽子をかぶっていくことにしました。

駅のホームに出たトップハム・ハット卿を見て、近くにいた乗客達がクスクスと笑っています。

「ああ、まったくはずかしいったらないぞ。この帽子のせいで笑いものだ！」

　うんざりした彼は、ある計画を思いつきました。近くにあった手おし車にさっと帽子をおいたのです。

　ところが、帽子がないトップハム・ハット卿に気がついた駅員が「おわすれです！今日は帽子がないと大変ですよ！」と帽子を持ってきてしまいました。

　計画は失敗に終わりました。

　そのころ、ソドーレスキューセンターでは緊急けいほうがなっていました。

　1日に何回も起きるので、フリンとベルもおどろきました。

「水は満タンだ。出発じゅんびオーケー！」

　ふたりは火事が起きている場所に急ぎました。

　曲がった線路に向かう最中、車を運転しているトップハム・ハット卿は別の計画を思いつきました。帽子を外に投げすてたのです。

　しかし、帽子は風におされて車内にもどってきてしまいました。あまりの出来事に、トップハム・ハット卿は「そんな〜」と悲しげな声をあげました。

　火事はぐにゃぐにゃ線路の先で起きていました。線路はさっきよりもっと曲がっていて、走ると車体が大きくゆれました。

　ベルが「きゃあ！　やっぱりこの線路に水をまいておけばよかった…」と後悔したその時です。フリンは「ベル！　あぶな〜い！」と声をあげましたが、時すでにおそし。線路からベルの車輪は外れ、脱線してしまいました。火は目の前なのに、これではたどり着けません。

　フリンが「大丈夫だベル！　ぼくがきみを線路にもどすからね」とはげますと、ベルは冷静に返しました。

「そんなことをしている時間はないわ。火が広がってしまう前に、早く消し止めな

いと！」

「きみの言う通りだ！　タイヤのじゅんびオーケー。ぼくにまかせて！　とくしゅ
消防車フリンが行くぞ！」とフリンは力強く前に進み消火のじゅんびをします。

「さあこれでどうだ！　こうさ
んしろ！　ほら消えるんだ！　ど
うだまいったか！」

　みるみるうちに火は消え、ベ
ルも笑顔になりました。

　消火活動はすぐに終わり、トー
マスがロッキーをつれてベルの救
出にやって来ました。

「心配ないぞベル。すぐまた消火活動に復帰できるからな」とロッキーが声をかけ
てくれたので、ベルもようやくホッとしました。

　さんざんな一日を過ごしているトップハム・ハット卿は、線路をみて「これはひ
どいな。気温が上がるとどうしても曲がってしまうんだ。ああ、線路までわたしを
なやませるってわけか」となげきましたが、あることに気がつきました。「この帽子
も…だがたしかに涼しくて気持ちがいいかもな」

　それを聞いたトーマスは「トッ
プハム・ハット卿、思ったんです
けど、白い帽子は光を反射する
から涼しいってお母様が言ってい
ましたよね」とたずねます。

「ああ、そうだな。だがそれが
なんだと言うんだね」とトップハ
ム・ハット卿は不思議そうに聞き

返しました。

「と言うことは線路も同じであつくならないようにするには、つまり、線路を白くぬるんですよ！」

「線路を白くぬる、か！　それだトーマス！　実に素晴らしいアイデアだ」

<u>トップハム・ハット卿はこうふん気味にいいました。</u>

「めずらしくわたしの母の言うことが正しかったぞ。白い色はたしかに光を反射してあつくなるのをふせぐようだ」

「アフリカのたんけんの帽子と同じですね」とトーマスが返すと、

「だからこれは、アフリカたんけんの帽子なんかじゃないぞ！」とトップハム・ハット卿はむきになって言い返します。

そこにトビーがあらわれて「それでたんけんにはいつ出発する予定なんですか？」とトップハム・ハット卿をからかったので、トーマスは笑ってしまいました。

「ああ、やめてくれ！　これ以上この新しい帽子のせいで笑い者になるのはごめんだ。わたしはもうがまんの限界だよ。ほら、お前にあげよう」と野原にいるヤギに帽子をわたしました。ヤギは帽子のにおいをかいでいます。

「もう目にすることもないだろう」とトップハム・ハット卿はホッとしましたが、なんと、ヤギは彼の顔に帽子を投げ返しました。

トップハム・ハット卿が「やれやれだ」とかたを落とす一方、トーマスやトビーは笑いが止まりませんでした。

どうしてトップハム・ハット卿は、こうふんしたんだろう？

お話の流れ

第20シリーズ **「やくにたつしろいぼうし」**

主題 くふうして安全を確保すること

⊕役割との向き合い方

 新しい火事

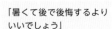
「暑くて後で後悔するより
いいでしょう」

 曲がった線路

 曲がった線路

 トップハムハット卿のお母さん

涼しくなるように、光を
反射する白い帽子をプレ
ゼントした。

曲がった線路
のせいで脱線
し、消火へ行
けなくなった。

道路も走るこ
とができるの
を生かし、ひ
とりで消火を
した。

 フリン

 ベル

 トップハム・ハット卿

 ベル

 フリン

「水をまいて線路
を冷やしてくれな
いかベル」

「今は使わない方
がいいと思うわ。
いつまた火事が起
こるかわからない
から」

「恥ずかしいったらないぞ。こ
の帽子のせいで笑い者だ」

「やっぱりこの線路
に水をまいておけ
ばよかった……」

「タイヤのじゅんび
OK！ ぼくに任せ
て！ 特殊消防車フ
リンが行くぞ！」

**トップハム・ハット卿の
ふりかえり**

お母さんがくれた帽子は、アフリカ探検に行くみたいでどうも
好きになれなかったんだ。ただ、この帽子のおかげでトーマス
は線路を白くぬるというアイデアがうかんだんだ。アイデアは、
どんなところにあるかわからないものだね。

トップハム・ハット卿はお母さんからもらった白い帽子が気に入らなかったが、暑さで線路が曲がってしまったと聞いて、仕方なくかぶって行くことにした。現場では火事が起きていて、消防車のベルは曲がった線路で脱線してしまう。

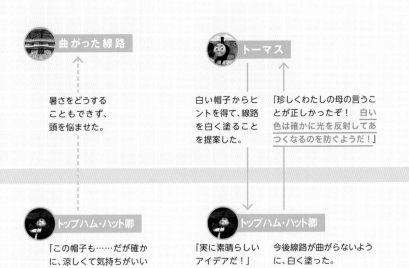

曲がった線路

暑さをどうすることもできず、頭を悩ませた。

トーマス

白い帽子からヒントを得て、線路を白く塗ることを提案した。

「珍しくわたしの母の言うことが正しかったぞ！ 白い色は確かに光を反射してあつくなるのを防ぐようだ！」

トップハム・ハット卿

「この帽子も……だが確かに、涼しくて気持ちがいいかもな」

トップハム・ハット卿

「実に素晴らしいアイデアだ！」　今後線路が曲がらないように、白く塗った。

ソドー島では、暑さがひどくなると熱で線路がゆがんでしまうことがよくあるんだ。これまではベルとフリンが線路に水をまいてひやしていたけれど、このお話では線路を白くぬるという新しいアイデアが出たよ。きみだったらどんなアイデアを考えるかな？　自分で考えることもとっても大切だし、だれかに聞いてみると思いもよらないアイデアに出会えるかもしれないよ。

トーマスの言葉

「トビーとバッシュ」

主題 自分の話ばかりせず、
相手の話を最後まで聞くこと

Ｆ他者の意見を取り入れる

トビーは木でできているかしこい路面蒸気機関車です。とても明るくて、誰にでもやさしく、いつでも友だちを手伝いたいと思っていました。

その日、ソドーレスキューセンターはとにかくいそがしく、トーマスとトビーがやってくるとトップハム・ハット卿は特別な仕事を用意していました。トビーはワクワクして、じまんのかねを鳴らしました。

「ぼくの特別な仕事って何だろうね？　トーマス」とトビーはトーマスに聞きました。

そのとき、バッシュとダッシュ、ファーディナンドがトンネルを抜けてきました。彼らはミスティアイランドで仕事をしていたのです。トーマスとトビーは、バッシュたちに会えたことをよろこびました。トーマスとトビーが「こんにちは！」と声をかけるとバッシュとダッシュ、ファーディナンドが「こんにちは！　トーマスとトビー！」と答えました。

ダッシュが「きみたちに会えて」と言うと、3人は声を合わせて「うれしいよ！」と言いました。「今日はトップハム・ハット卿がバッシュにごほうびをくれる日なんだ」

とダッシュ。すると、バッシュが「おいらたちは、とっても役に立つ機関車になれたからね！」と言い、ファーディナンドが「そのとおり！」と同調しました。バッシュはほこらしげに汽笛を鳴りひびかせました。そこへトップハム・ハット卿が現れました。

「バッシュ、きみへのごほうびはトビーといっしょに1日過ごすことだ。トビー、きみの特別な仕事は新入りのバッシュの面倒を見ることだ。きみになら、安心して仕事を任せられるからな」

トビーはうれしさのあまり、またかねを鳴らしました。そしてそれを見たバッシュはにっこりとほほえみました。

「ありがとうございます」と、トビー。バッシュも「ありがとう、ございます」と言いました。こうして、トビーとバッシュは仲良く路線を進んでいきました。それを見た子どもたちは歓声を上げています。

まずトビーとバッシュはナップフォード駅にやってきました。トビーは子どもたちを乗せて、みんなを入り江まで連れていきました。子どもたちは「ありがとうトビー！ありがとうバッシュ！」と言いました。

次に、トビーとバッシュはスレートをのせた貨車を受け取りました。彼らはそれを一生けんめい、ブレンダムの港まで運びました。トビーは後ろから貨車を押し、バッシュは引っ張り、日がくれるまではたらきました。彼らはもうクタクタでした。

「あ～さすがにつかれたね！　今日はよくはたらいたよ」とトビー。

「おいらは……」とバッシュ。

「バッシュ、休まないと！　休むのにとてもいい場所を知っているんだ！」

トビーとバッシュは、アールズデール・エンドまで走っていきました。トビーは自分の車庫がじまんでした。バッシュは息を飲みました。

「ここはすてきな場所だね。鳥がいて、森があって、とっても、静かだ……」

「疲れているときにはぴったりの場所なんだ。きみはぼくの車庫でねむるといいよ」とトビーはバッシュに勧めました。バッシュは「だけど……」と言いかけましたがト

ビーが「いいんだよ、バッシュ。おやすみ」と言うのでそのまま車庫でねむることにしました。

このとき、バッシュはどんな気持ちだったんだろう？

　トビーはねむりにつくバッシュをながめていました。そのとき、彼にある考えがうかびました。

「バッシュはきっと、ソドー島に自分の場所が欲しいと思っているはずだ。僕の車庫みたいに静かできれいな場所はないかな」

　次の朝、トビーはバッシュに自分の考えを話しました。バッシュはこまっていましたが、トビーは満足して「ついてきて、バッシュ」と言いました。

　バッシュがなにか言おうとする間もなく、トビーは線路を進んでいきました。

「バッシュが休める場所を見つけるぞ。あちこち探して最高の場所を見つけよう」

　やってきたのは沼地でした。トビーは「ここはすてきな場所でしょ？　バッシュ。ぼくの住むところみたいに静かなんだ。ゆっくり休めて、リラックスできるはずだよ」と言いました。

　バッシュは辺りを見回しました。「おいらは、そのう……」とバッシュがいいよどむと「気に入ったんだね！」とトビーはバッシュの声をさえぎるように言いました。

そのとき、カモのむれがガアガアと鳴きながら空へと飛び立ちました。今までカモを見たことのなかったバッシュは、こわくなってしまいました。

「びっくりしちゃったよ〜！　うわあ〜！」

「大丈夫だよ。バッシュ。ほかにもいい場所があるから！　バッシュが休める場所を見つけるぞ。あちこちさがして最高の場所を見つけよう」

　次に連れて行ったのは、マッコールさんの農場でした。トビーは言いました。

「ここはもっと静かな場所でしょ？　バッシュ。ゆっくり体を休めて、リラックスできるはずだよ」

　バッシュはあたりを見回しました。

「おいらは、そのう……」とバッシュがいいよどむと「気に入ったんだね！」とトビーはバッシュの声をさえぎるように言いました。

　そのとき、牛のむれがモーモーと鳴きながら近づいてきました。牛を見たことのなかったバッシュは、こわくなってしましました。

「びっくりしちゃったよ〜！　うわあ〜！」

　バッシュはあわてて走り出してしまいました。

「大丈夫だよ。バッシュ。ほかにもいい場所があるから！　バッシュが休める場所を見つけるぞ。あちこちさがして最高の場所を見つけよう」

　トビーはバッシュをがけに連れてきました。

「ここだよバッシュ。ほらきみが体を休めるのに一番の場所じゃないか。ぼくのところみたいにいい感じでしょう？」

　でもバッシュにはそうは思えませんでした。がけの上からダッシュとファーディナンドが走っていくのが見えます。バッシュは弱々しく蒸気をあげました。悲しい気持ちだったのです。トビーは

それを見てがっかりしました。

「バッシュに休んでもらう場所が見つからないや。それにバッシュはうれしそうじゃない。せっかくよろこんでもらおうと思ったのにな！」

「おいらが行きたいのは……」とバッシュ。

　トビーは今までと同じように話そうとしましたが、すぐにやめました。

「バッシュの言うことをちゃんと聞かなくちゃ！」

　するとバッシュが話しはじめました。

「おいらが行きたいのは……おいらが行きたいのは……わが家だよ。おいらたちがいるところって、静かなんだ。森は緑がいっぱいで、鳥が歌っていて『それに友だちの機関車もとなりにいる』ずっとそう言おうとしていたんだよ、トビー」

　それを聞いたトビーは静かに蒸気を上げて、「ぼくは今になって気がついたよ」と言いました。

　そして突然、トビーはピストンを動かしながら、「出発だ、バッシュ！　行き先はわかっているね」

　バッシュが「いったいどこに行くの？」と聞くとトビーは、「いっしょにミスティアイランドに行くんだよ！」と答えました。

「それは……わが家だ〜！」

　バッシュはよろこんでさけびました。トビーは笑っています。トビーとバッシュはミスティアイランドのトンネルを走って行きました。

「バッシュが休める場所を知っているぞ。スピードを上げよう。最高の場所へ行くんだ」

「ありがとう、トビー。おいらの話を聞いてくれて、きみは新しい友だちだ。ものすごく幸せな気分だよ」とバッシュは笑いながら言いました。トビーもうれしくて、かねを鳴りひびかせながら「さあ急ごう、バッシュ。目的地までもう少しだよ」

　バッシュは、仲間が待っているのに気がつきました。仲間たちは大きな声でバッ

シュとトビーを出むかえました。ダッシュとファーディナンドが「こんにちは〜！」と言うと、

　トビーとバッシュも「こんにちは〜！」と返しました。バッシュが「聞こえる？　トビー」と聞きました。

　みんな静かになりました。鳥達がさえずっています。

「本当にぼくが住むところみたいじゃないか。ここは……」

　トビーはおどろきました。「わが家だよ！」とバッシュ。そして、みんな声をそろえて言いました。

「その、とおり！」

第15シリーズ 「トビーとバッシュ」

主題 自分の話ばかりせず、
相手の話を最後まで聞くこと

❻他者の意見を取り入れる

初めて見るカモや
牛を怖がった。

バッシュ

「おいらは
そのう……」

バッシュが何か言おう
としている様子に気づ
かず、バッシュを様々
な場所へ連れて行った。

トップハム・ハット卿

バッシュの面倒を
見る特別な仕事を
任せた。

バッシュ

バッシュに休んで
もらうために自分
の車庫へ案内した。

トビー

嬉しさのあまり鐘を
鳴らした。

トビー

「バッシュはきっとソ
ドー島に自分の場所
が欲しいと思ってい
るはずだ」

トビー

「バッシュが休める場所
を見つけるぞ。あちこち
探して最高の場所を見
つけよう」

**トビーの
ふりかえり**

バッシュが休める場所を見つけてあげたいと思って、あちこちさ
がしていたんだけど、本当はバッシュがどう思っているか、なか
なか気づいてあげられなかったんだ。きちんとバッシュの話を聞
くことが大切だったんだと気づいたよ。

ある日トビーは、特別な仕事としてバッシュの面倒を見ることを任された。トビーはバッシュのために、休める場所を見つけてあげることにした。なぜなら、いつでも友だちを手伝いたいと思っていたからだ。

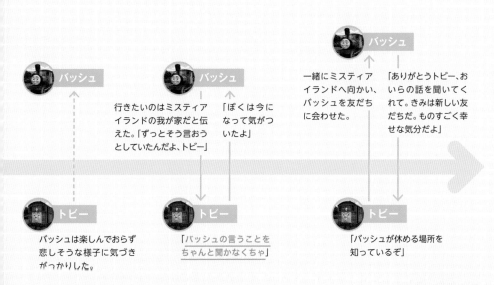

バッシュ

バッシュ

行きたいのはミスティアイランドの我が家だと伝えた。「ずっとそう言おうとしていたんだよ、トビー」

「ぼくは今になって気がついたよ」

バッシュ

一緒にミスティアイランドへ向かい、バッシュを友だちに会わせた。

「ありがとうトビー、おいらの話を聞いてくれて。きみは新しい友だちだ。ものすごく幸せな気分だよ」

トビー

バッシュは楽しんでおらず悲しそうな様子に気づきがっかりした。

トビー

「バッシュの言うことをちゃんと聞かなくちゃ」

トビー

「バッシュが休める場所を知っているぞ」

トップハム・ハット卿の言葉

バッシュはなかなか言いたいことをトビーに言えずにいたが、きみにもそういう経験ってあるかな？ もしきみがバッシュだったら、トビーにどういう言い方をすれば、もっと早く仲良くなれたんだろうか。こういうときにはどうすれば良いのか、自分なりに考えてみよう。

「ルークのあたらしいともだち」

主題 それぞれに幸せに暮らせる
場所があるということ

ⓒ場の理解

　ブルーマウンテンの採石場はいつも活気にあふれていました。大きな機械がたくさんあって、とてもさわがしい爆発音がひびきわたることもありました。もうすぐ日がくれようとする中、高山鉄道の機関車たちは、まだいそがしくはたらいていました。

　「下にまいりま～す！　次は……『山のふもと』です！」とオーエンが言い、レニアスが「粉砕小屋まで競走だ！　ルーク。先に着いた方が最初に石を受け取れるんだよ！」と誘うと、ルークも「負けないぞ！」と返しました。

　ところが次の瞬間、レニアスが「うわあ！」と叫びました。「今のは何だろう？」と、ルークがたずねるとレニアスは「目の前に何か飛び出してきたけどわからないな」と答えました。

　すると横からラスティーが「今のはシカさ」

　サー・ハンデルも「そうだ！　どうやらまだ子どものシカみたいだな」と答えました。レニアスが「だけど、あのシカはここにいちゃいけないと思うな。ギョッとしちゃったよ」と言うとルークは「こわかったのかい？　あんなに小さい動物だったのに」とからかいました。

　「だって急に飛び出してきたんだ！」

　少しおこったようにレニアスがこたえると、そこにスカーロイがやってました。

　「さあさあみんな、もうそろそろ終わりにしよう。いま運んでいる分で今日は最後

だ」

　ルークは「え～！」とさけび、スカーロイはそれをなだめるように言いました。
「心配するな、ルーク。この石を全部ウルフステッド城まで運ぶからな。明日のために今夜はゆっくり休むんだ」

　はたらきものの機関車たちとたくさんの機械たちが、ようやくねむる時間になりました。でもルークは次の日のことが待ちきれなくて、ちっともねむくなりません。

　オ　エンはいびきをかきながら、「むにゃむにゃ」とねごとを言っています。そのとき、ずっと起きていたルークの目の前に何かが現れました。

　ルークは「子ジカさんだ。おーい、戻っておいで。ぼくは何もしないよ」と喜んで話しかけました。すると子ジカは岩から顔を出し、こちらをのぞきました。

「やあ、子ジカさん！」

　ルークが話しかけると子ジカはにおいをクンクンかいでいます。

するとまたオーエンのいびきとねごとが聞こえました。ルークが「ああ！」と声をあげたときには、子ジカはすっかり遠くまで逃げていました。でも、すぐ近くで子ジカに会えたルークはうれしい気持ちでいっぱいでしたが、それと同時に「もう会えないだろうな……」とも思っていました。

ところが次の日、ルークは新しい友だちが自分といっしょにいることに気づいてビックリしました！　なんとルークのなかで子ジカが寝息を立てているのです。ルークは子ジカに「おはよう、子ジカさん！」と話しかけましたが、答えたのはレニアスでした。

「おはよう、ルーク」

ルークは「しーっ！　静かにしてレニアス。子ジカさんが怖がってしまうよ！」と少しおこって言いました。するとレニアスは「何を言っているんだ、ルーク！　ここは動物がいるような場所じゃないんだ」と強く言い返しました。

「そんなことないよ。みんなに会って、この採石場がとてもステキなところだってわかったら、子ジカさんはぼくと同じで、ここを気に入るよ！」

そうルークが言うと「そんなんじゃ役に立つ仕事ができないぞ」とレニアス。でも、ルークは新しい友だちとこのままいっしょにいても、役に立つ仕事ができると思っていました。

ルークはできるだけ静かに走りました。でも採石場はものすごくさわがしい場所です。大きな音がするたび、子ジカはルークの運転室でおびえていました。そして、ついに大きな爆発音がしました。ルークが「あ〜あ！」と言ったときには、子ジカは逃

げ出していました。

ルークは「戻ってきて。子ジカさん」と残念そうにつぶやきました。するとオーエンが「きみの新しい友だちを気に入ったよ。おもしろいね！　どこに行ったんだ？」

よく見ると近くで子ジカがにおいをかいでいます。ルークは息を飲み、「よかった……」とつぶやくように言いました。

「きみの友だちは、ここにいない方がいいんじゃないかな。採石場はちょっとうるさすぎると思うよ」

「うん、そうだね。オーエン。こうなったら方法はひとつしかない。ぼくたちみんなが静かに仕事をすればいいんだよ」

「こりゃ、まいったな」と、オーエンはあきれ顔です。

新しい友だちの子ジカとルークがまたいっしょにいるのを見て、みんなもよろこびました。子ジカのために、みんなはゆっくりと静かに走るように気をつけました。重い石材を持ち上げるときも、砂ぼこりまみれの石を運ぶときも、さわがしい音を出さないようにしたのです。

ところが、ピーター・サムは静かにすることばかり考えていて、進む方向の確認をすっかりわすれてしまい、ラスティーと貨車にぶつかってしまいました。

さらに、音に驚いたオーエンが「あっ！」とさけび、石が入った重い荷物を落としてしまいました。

「悪いね、ルーク。音を出さないように気をつけながらちゃんとした仕事をするなんて無理だ」

そうメリックが言うとオーエンも「メリックの言うとおりだよ」と同意しました。次にラスティーが「ゆっくり静かに仕事をするのは、素早く仕事をするよりもむずかしいんだ」と言うと「うるさくするよりもね！」とレニアス。

「でも、子ジカさんはどうなるの？」

不安そうな顔でルークは聞きました。レニアスは「しょうがないよ。役に立つ仕

事をしながら友だちといっしょにはいられない。その子ジカさんはここにいちゃいけないんだよ」と言いました。

「そんなこと絶対ないって！　落ち着くまでにちょっと時間がかかっているんだ。それだけだよ。すぐここになれるはずさ。ぼくだってそうだったんだ……」

ルークは大きな声で言い返しました。そこへスカーロイがやってきて、

「ルーク、この石の貨車をお城まで運んで行ってくれないか？　新しい友だちも公園を走ったほうがよろこぶだろう。それに石を運ぶことで役に立つ仕事ができるぞ」

こうしてルークはスカーロイが運んでいた石の貨車を連結しました。ルークはまた子ジカを見つけました。そして彼らはいっしょになるとゆっくり走り出し、ウルフステッド城へとむかいました。ウルフステッド城近くの公園はブルーマウンテン採石場とは別世界でした。空気はとてもすんでいて、草花も青々としています。

そして何よりもちがうことがありました。

「ここは、とっても……静かだ！」

子ジカも公園を気に入ったようでした。採石場からはなれていくほど、子ジカは幸せそうでした。そこへ親ジカの鳴き声が聞こえました。

「ほら、見て、子ジカさん。あそこにきみとそっくりの動物がいるよ！」

子ジカが親ジカの元へ走り出しました。

「おーい！　戻っておいで！」

ルークはおどろいて声を上げましたが、子ジカの幸せそうな様子を見て、すぐに理解しました。

「ああ、そういうことか。いいんだよ、子ジカさん。さあ、お行き！」

ルークはそう言って子ジカを送り出し、小さくため息をつきました。

ルークにとって、新しい友だちとはなれることはとてもさびしいことでしたが子ジカは公園にいる方がずっと幸せだということに気がついたのです。

オーエンが笑いながら「おや、ルークじゃないか！」と声をかけます。次はメリッ

クが「おかえり！　きみの友だちはどこだい？」と聞きます。

「子ジカさんにぴったりの場所、ウルフステッド城の公園にいるよ」とルークは答えました。するとスカーロイが、

「ルーク、えらいぞ。これから石を運ぶときはいつでも公園に行って、友だちに会える。だから、さっそくその石を粉砕小屋まで運んでくれ！」

ルークは「わかったよ、スカーロイ！」と答えました。

ルークは子ジカが幸せに暮らせる場所を見つけたこと、そしてブルーマウンテンの採石場でみんなといっしょに仕事ができることを、とてもうれしく思い、幸せな気持ちになり「わ～い！」と大声でさけびました。さわがしい音を立てながら、役に立つ機関車になれるのだから。

ルークは子ジカと別れてさびしい気持ちにならなかったのかな？

第17シリーズ　**「ルークのあたらしいともだち」**

主題　それぞれに幸せに暮らせる場所があるということ

© 場の理解

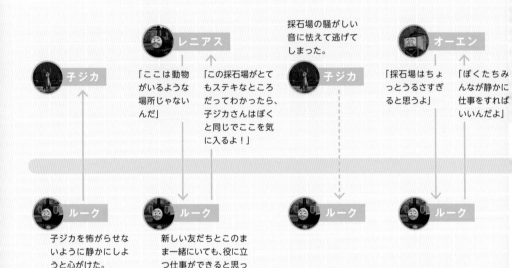

子ジカ

レニアス

「ここは動物がいるような場所じゃないんだ」

「この採石場がとてもステキなところだってわかったら、子ジカさんはぼくと同じでここを気に入るよ！」

採石場の騒がしい音に怯えて逃げてしまった。

子ジカ

オーエン

「採石場はちょっとうるさすぎると思うよ」

「ぼくたちみんなが静かに仕事をすればいいんだよ」

ルーク

子ジカを怖がらせないように静かにしようと心がけた。

ルーク

新しい友だちとこのまま一緒にいても、役に立つ仕事ができると思っていた。

ルーク

ルーク

**ルークの
ふりかえり**

ブルーマウンテンの採石場はもともとさわがしい場所だけれども、みんなで静かにすることで子ジカさんもここを気に入ってくれると思ったんだ。でも、子ジカさんには子ジカさんの幸せに暮らせる場所があって、ぼくにはいつもどおりの採石場がぴったりだと気づいたんだ。

ある日ルークは、採石場に突然現れた子ジカと友だちになった。子ジカと採石場で一緒にいるために、ルークは静かに仕事をしようとした。

静かにすることに気を取られて、
採石場の仕事が混乱してしまった。

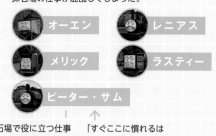

オーエン　　レニアス

メリック　　ラスティー

ピーター・サム

採石場で役に立つ仕事をしながら子ジカと一緒にいるのは難しいと説得した。

「すぐここに慣れるはずさ。ぼくだってそうだったんだ……」

ルークから降り、親ジカの元へ駆けて行った。

子ジカ

スカーロイの提案で、子ジカをお城へ連れて行った。

「ああ、そういうことか。いいんだよ子ジカさん。さあ、お行き！」

ルーク

ルーク

子ジカは公園にいる方がずっと幸せだと気づいた。そして自分はブルーマウンテンの採石場でみんなといっしょに仕事ができることを幸せに思った。

ルークはきっと、自分が採石場に来た時の姿を子ジカに重ねたんだろうね。最初はひっそりとかくれて暮らしていたルークが、いまこうして仲間といっしょに幸せに暮らしている。ルークにとっては、この採石場はとても大切な場所なんだね。きみにも幸せを感じる場所はあるかな？そして、もしその場所でいっしょに暮らす人がいるならば、みんなも幸せを感じられる場所になっているか聞いてみよう。

トーマスの言葉

「レッジのクリスマスプレゼント」

主題 友だちのよろこぶことを考えること

B他者理解

　子どもたちの笑い声が聞こえます。冬を迎えたソドー島はとても寒く、雪が積もっていました。この時期になるとパーシーは大いそがし。クリスマスツリーを運んだり、クリスマスカードの配達もあるからです。聖歌隊がハミングで歌っています。

　パーシーはふだんの仕事もやらなければなりませんでした。たとえば……廃材をスクラップ置き場に運ぶ仕事。クリスマスならではの特別な仕事ではありませんでしたが、それも重要な仕事でした。

　「こんにちは、レッジ」とパーシーが声をかけました。

　「やあ、パーシー。今日もいいスクラップ持ってきた？」とレッジは汽笛を鳴らして答え、「うん、もちろん持ってきたよ」とパーシー。「そうか、それは本当にうれしいね！」とレッジは口ぶえを吹きました。

　スクラップを分ける作業は、だれもが楽しいというものではありませんでした。

　でもレッジはその仕事が大好きでした。パーシーが「ねえ、ここってなんだかちょっと寂しすぎないかな？」そう聞くと、レッジは「そんなことないよ！　いつもこんな感じさ」と答えました。

　「それが問題だよ！　だってもうすぐクリスマスで…ソドー島はどこだっていつもと違う景色になる季節だよ。あちこちキラキラ輝いて……すごくキレイなんだ」

　そうパーシーがつぶやくとレッジは、笑いながらこう言いました。

　「ここは最高の場所だ。ぼくは十分幸せだから心配しないで！」

しかし、パーシーは心配で仕方がありませんでした。レッジにもクリスマスの気分を味わってもらいたかったのです。

1日が終わり、トーマスが休んでいるとパーシーが戻ってきました。

「機関庫はすごくキレイになりそうだ。そうでしょ？」

トーマスが言うと「特にあのクリスマスツリーがいいね」とパーシーは答えました。

「いろんな飾りがあるけど、クリスマスツリーが一番好きだな！」

「ティドマス機関庫にはクリスマスのいろんな飾りがあるよね？　そうでしょ、トーマス」

トーマスは「うん、そうだね」と答えました。

「だからさ、だれも気にしたりしないよね。ぼくがツリーをここから運び出して誰かにあげたとしても……。ツリーがすごく必要な誰かにね。だってその友だちは飾りをひとつも持っていないんだもん」

「本当に飾りがひとつもないの？」

トーマスもおどろいて聞きました。

「うん、何にも持っていないんだ」そうパーシーが言うとトーマスは、

「だったら、絶対あのツリーを持って行って友たちにプレゼントするべきだよ！」

トーマスはパーシーの意見に賛成しました。

次の朝、パーシーはスクラップ置き場に向かう時、特別なプレゼントもいっしょに持って行きました。

「おはよう、レッジ！」

「今日は早いんだね！　パーシー」とレッジが答えました。

「だってこのスクラップと一緒に……きみに特別なプレゼントを持ってきたんだ！この場所を明るくするプレゼントなんだよ！　わあ！　今のは……なんの音？」

　レッジはパーシーの話を聞きながら木を処分していたのです。

「ごめん、何の話だっけ？　特別なプレゼントがなんとか……」

　すると、パーシーがおどろいて大きな声をあげました。

「レッジ！　ぼくの持ってきた木をどうしたの？」

「ああいう古い木はスクラップ置き場じゃめずらしくないんだよ。特にクリスマスのこの時期にはね」

　するとパーシーは残念そうに「でもさっきの木はクリスマスツリーだったの……」

「もうクリスマスツリーじゃなくなったよ！　クズっていうのはいろんなものに使えるんだ。ここではどんなものもムダにはしないからね。そろそろ仕事にもどらなきゃ！」

　そう笑いながらレッジは行ってしまいました。

　パーシーは何とかしてスクラップ置き場をクリスマスらしくしたかったのですが、その方法がわかりませんでした。ナップフォード駅では、「列車がまもなく発車します。乗り遅れのないようご注意ください」という構内アナウンスが流れています。そのときトップハム・ハット卿はパーシーを呼び出し、聖歌隊を町の広場へ乗せていく仕事を任せました。パーシーはそこでいいアイデアを思いついたのです。

　スクラップ置き場に汽笛が鳴りひびきます。レッジはくず鉄を落としているとこ

ろです。

「おおっと！　おや、またパーシーかい！　こんなに早く戻るとは思わなかったよ。もちろんいいスクラップを持ってきてくれたなら大かんげいだ！」と、少しおどろいたレッジが言いました。

「スクラップよりもっといいものを持ってきたよ！　レッジ」

「スクラップよりいいもの!?」とまたレッジはおどろいて聞き返しました。

「そう！　もっといいもの！」

「ワン、ツー、ワンツースリー」

　かけ声をかけると聖歌隊とパーシーが歌い出しました。

「♪いちにちめのクリスマスにおくりものー♪　かわーいいヤマウズラー♪　ふつかめにもクリスマスにおくりものー♪　キジバトー♪」

　聖歌隊とパーシーが「♪あとかわいいヤマウズラ♪」と歌ったところでレッジはため息をつき、そして笑いました。

「もう、レッジったら何しているの！　ぼくたちの歌をちゃんと聞いてよ！　きみを元気付けようと歌っているのに！」とパーシーが大きな声で言うと、レッジは少し申し訳なさそうに答えました。

「悪かったよ、パーシー。だけどぼくには歌は必要ないよ！　あの……それに実を言うとものすごくいそがしいんだ！」

　パーシーは肩を落として「わかったよ。じゃましてごめん」と言いました。聖歌隊の歌をよろこんでもらえす、パーシーはとてもがっかりしました。

　でもパーシーは絶対にあきらめたりしません。ずっとレッジのスクラップ置き場をクリスマスらしくする方法を考え続けていました。するとパーシーは、男性が女性にプレゼントを渡しているところを目にして「ああ、そうだ！」と思いつきました。

「レッジに何かほかのクリスマスプレゼントをあげよう。何かレッジの大好きなものがいいな。それって……何だろう？」

パーシーは蒸気をふき上げながら走り回りました。スクラップ置き場の友だちにぴったりのプレゼントを一生懸命さがしました。しかし、どんなに考えてもパーシーは思いつきませんでした。

次の日の夕方、スクラップ置き場にきたパーシーは、いつもよりちょっと落ち込んでいました。レッジはその様子に気がつくと「やあ、パーシー！　おやおや、いったいどうしたんだい？　なんだか元気がないみたいだけど」と聞きました。

「ああ、レッジ！　機関庫には飾りがいっぱいだし、島中どこもキラキラしてキレイなのに、レッジはこの場所で、ず〜っとはたらいているんだもん！　なのにきみへのプレゼントを何も思いつかないんだ……」

するとレッジは言いました。

「ぼくの欲しいものをきみはちゃんと持ってきてくれたじゃないか！」

「それ、いいスクラップのこと？」

パーシーが聞くと、「そう、いいスクラップのことだ！　しかも特別なのがある……。これだ！　これが欲しかったんだよ！」とよろこぶレッジ。パーシーは息を飲み、言いました。

「レッジ！　きみのクリスマスツリー、ものすご〜くステキだね！」

てっぺんに星のくず鉄を飾りながらレッジは答えます。

「いや、これで終わりじゃないぞ！」

「うわぁ、レッジ。ほんと、すっごく、キレイなツリーだよ！」

パーシーは目を見開いておどろきながら言いました。

「だから言ったでしょ？　ここにある物はムダにしないってね！

そうだ、ちょっと待って。きみがプレゼントのことを話していたから……」

「ああ、うん、あれはね。何もプレゼントしてあげられなくて……」とパーシーは申し訳なさそうに言いました。

「そうじゃない。ぼくからきみにプレゼントがあるってことさ！」

レッジはそう言うと、てっぺんの星のくず鉄を降ろしてパーシーにプレゼントしたのです。パーシーは「ありがとうレッジ！」とうれしそうに答えました。

「いや〜、ぼくのクリスマスの飾りを見たら、きっときみが羨ましがるんじゃないかなと思ってね！　メリークリスマス、パーシー！」とレッジは言いました。

「どうもありがとう！　ステキなクリスマスを過ごして、レッジ！」

パーシーは口笛を吹きながら帰って行きました。

その夜、ティドマス機関庫では聖歌隊が歌ってクリスマス

どうしてレッジはパーシーにプレゼントをしようと思ったのだろう？

をお祝いしていました。トーマスが「メリークリスマス、パーシー！」と言うとパーシーも「メリークリスマス、トーマス。メリークリスマス、ソドー島のみんな！」と答えました。

第18シリーズ **「レッジのクリスマスプレゼント」**

主題 友だちのよろこぶことを考えること

❸他者理解

レッジ

「ここってなんだかちょっと寂しすぎないかな？」

「ここは最高の場所だ。ぼくは十分幸せだから心配しないで！」

「木のクズっていうのは、いろんなものに使えるんだ。ここではどんなものもムダにしないからね」

レッジ

↑

プレゼントにツリーを持って行く。

スクラップと思いこみ、処分してしまう。

トップハム・ハット卿

聖歌隊を街の広場へ乗せていく仕事を任せた。

レッジ

聖歌隊を連れて行って歌を聴かせた。

「ぼくに歌は必要ないよ。あの……それに実をいうとものすごく忙しいんだ！」

パーシー

パーシー

レッジにもクリスマスの気分を味わってもらいたかった。

パーシー

良いアイデアを思いついた！

パーシー

「ぼくたちの歌をちゃんと聞いてよ！ きみを元気づけようと歌っているのに！」

パーシーのふりかえり

ぼくはレッジにもクリスマスの特別な気分を味わってほしくて、あの手この手でレッジにプレゼントをしてみたけど、最後には何も思いつかなくなっちゃったんだ。でもね、レッジはとっても素敵なツリーをつくって驚かせてくれたんだ。

クリスマスの時期、ソドー島ではクリスマスツリーが飾られ、駅ではクリスマスの歌を歌っている人もいて、いつもと違う景色になっていた。パーシーはレッジのところへ行ったとき、スクラップ置き場が少し寂しいと思い、レッジにもクリスマスの特別な気分を味わってほしいと思った。

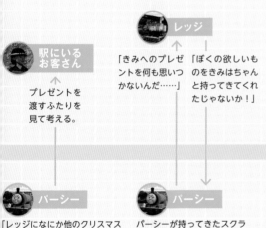

レッジ

「きみへのプレゼントを何も思いつかないんだ……」

「ぼくの欲しいものをきみはちゃんと持ってきてくれたじゃないか！」

駅にいるお客さん

プレゼントを渡すふたりを見て考える。

レッジ

「きみのクリスマスツリー、ものすご～く素敵だね」

「だから言ったでしょ？ ここにあるものは無駄にしないってね！」

パーシー

「レッジになにか他のクリスマスプレゼントをあげよう！ なにかレッジの大好きなものがいいな。それって……なんだろう？」

パーシー

パーシーが持ってきたスクラップがかざられ、スクラップでできたツリーが完成する。

パーシー

レッジから星のくず鉄をプレゼントされてうれしかった。

きみは誰かにプレゼントを贈ったことがあるかな？ プレゼントはもらうのも、あげるのも楽しいよね。でも、プレゼントをもらう人が、どんなプレゼントをもらったら嬉しいか、考えて選んだり渡したりしてみるといいかもしれないね。自分だけが楽しくなるのではなく、もらう人も一緒に楽しくなれるプレゼントを考えて贈ってみよう！

トップハム・ハット卿の言葉

「おさわがせなケイトリン」

主題 夜はうるさくせず、
しっかりとねむること

Ｈ役割との向き合い方

　ソドー島の大いそがしな１日が終わろうとしている頃でした。キャッスル駅では、ケイトリンがメインランドに戻る最後の乗客を乗せています。ところが、ケイトリンの炭水車が動かなくなってしまったのです。

「なに？　どうしたの？」

　彼女は待つことが大きらい。でも、どうしようもありません。長い間待ち続け、なんとか修理が終わり、また走れるようになったころには、すっかり真っ暗になっていました。ケイトリンはヘンリーのトンネルを抜けて急いで走り続けました。

　しかし、すぐにまた問題が起きたのです。

「ん〜もう！！、今度はなに？」とケイトリンは言いました。

「すまないな、ケイトリン。ヴィカーズタウン橋は点検のため通行止めだ。明日の朝まで、ここは通れないんだよ。お客さんたちといっしょに駅まで戻ってくれ。残念だが、今夜はそこでひと晩過ごしてもらうことになりそうだ」とトップハム・ハット卿が言いました。

　それを聞いた乗客は全員がっかりしています。でも、ケイトリンはソドー島でひと晩過ごせることになりとてもよろこび、「それ本当ですか？　ソドー島に泊まるのは初めてなんです！　機関庫で休めますか？」と聞くと「ま、まぁ。それは特に問題ないと思うが……」とトップハム・ハット卿が少し困って答えました。

「やった〜！！」とケイトリンがさけぶと「静かにしなさいケイトリン。メインランド

ではこんな時間まで起きているのかもしれないが、ソドー島ではみんなもうすっかり寝ている時間なんだ」とトップハム・ハット卿はさとしました。

「すみません」

「お客さんたちをケルスソープ駅に連れて行ってくれ。静かに走るんだぞ。みんなを起こさないようにな」

　駅で乗客を降ろしているあいだ、ケイトリンは言われたとおり静かにしていました。ところがケルスソープ駅を出るころには、あまりにうれしくて、トップハム・ハット卿に言われたことはすべて吹き飛んでしまいました。

　そのころティドマス機関庫では、機関車たちがほてった火室を冷やし、ピストンを休ませていました。そこへケイトリンがやってきて、

「こんばんは、みんな！うわぁ～転車台だわ！なんだか楽しそう。わ～い！」

　ゴードンはおどろいた顔つきで見つめると、ケイトリンが「あらゴードン！　起きてる？」と聞きました。

「たっいは、目が覚めちまった。ここで、なにをしているんだ？　ケイトリン」

「ヴィカーズタウン橋が通行止めだから、ここに泊まっていいと言われたの」

「ふーん。だけどここに泊まるんだったらうるさくしないで、静かにしていないとダメだぞ。ほら、もうちょっと落ち着くんだ。目を閉じてみりゃいい」といい、ゴードンは目を閉じました。

　ケイトリンはかまわず「ねぇ、ゴードンものすごくワクワクしない？　線路は空

っぽでもう誰も走っていないのよ。今なら自由に走り回れるわ！」と言いました。

　しかし、ゴードンはすっかりいびきをかいています。「起きてよ！　ゴードン」と
ケイトリンが声をかけると、そこへパーシーがやってきました。

「やぁ、ケイトリンここで何しているの？」

　横でトーマスがあくびをしながら「ケイトリンはここに泊まるんだってさ」と言い
ました。パーシーが「そうなの？　それじゃ、ぼくの場所を使ってもいいよ。ケイト
リン。ゴードンとトーマスのあいだでゆっくりして」と言うと、ケイトリンは「あら、
ほんと？　なんだか悪いわね」とあいだに入りました。

　パーシーは「気にしなくていいよ、おやすみ」と去って行きました。

「パーシーはやさしいのね。自分の居場所なのに、使ってもいいよなんて。あれ、
待って！　パーシーはどこに行ったのかしら？」

　トーマスはあくびをしながら「郵便配達に出かけたんだ。みんなが朝には郵便を
受け取れるようにね」とケイトリンに言いました。

「そうなの？　なんだかそれ、面白そうだわ」

「パーシーに頼んだら手伝わせてくれるんじゃないか？」とゴードン。ケイトリンは
「うわぁ！　それはいいアイデアね」とウキウキしながらパーシーを追いかけました。

「ねぇ、パーシー。私にも郵便配達させて。いいでしょ？　お願〜い！」

パーシーは、自分の特別な仕事をまかせたくありませんでした。でも、仲間たちが静かにねむれるようにケイトリンの言うことを聞くことにしました。

「うん……わかったよ。

ケイトリン」

　パーシーが仕方がなさそうに言うと、ケイトリンは「やった！」と大よろこびしました。「だけどね、ソドー島のほかのみんなはまだ寝ているんだよ。音を立てないで、みんなを起こさないように静かにね」

　そうパーシーが言うとケイトリンは「まかせておいて！」とはりきって言いました。「しーっ」

「わかってるわ、パーシー」と小声で彼女は少し笑いました。

　ケイトリンは郵便配達をしながら、ソドー島を走りました。でもうれしすぎてパーシーに言われたことはすべてふき飛んでしまいました。

「あぁ、楽し〜い！！　ねぇ、パーシー、パーシーってば！」とケイトリンが汽笛を鳴らしてパーシーを呼びます。「静かにしてってば、ケイトリン！」とパーシーが少しおこると、ケイトリンはすぐさまあやまりました。

「ごめんなさい。たった今、郵便配達が終わったところ。ものすご〜く楽しかった！」

　それを見たゴードンが「まったくしょうがないな。元気すぎるにもほどがある」とつぶやいています。「そんなに元気があるならさ、ケイトリン。ぼくのフライング・キッパーを引けばいい。船からあがった新せんな魚を運んでよ」とヘンリーが口をはさみました。ゴードンも「うおぉ、そりゃいい考えだな、ヘンリー」とうなずいています。

「でもわすれないで。みんなねむっているから、起こさないようにするんだ。絶対に大きな音を出しちゃダメだよ〜」とヘンリーは言いました。

　ケイトリンはうれしくて仕方ありません。夜中に寝ないで走るのは、初めてだったのです。魚の貨車、フライング・キッパーを引いて走り出すと、すぐヘンリーに言われたことはすべてふき飛んでしまいました。

　水平線から太陽が昇るのを見たケイトリンは、感動のあまり思わずさけんでしまいました。

「おはよう！　ソドー島のみなさ～ん！」
　ティドマス機関庫に戻ってきたケイトリンはとても疲れていました。

　トーマスが「おはよう、ケイトリン」と言うと、ケイトリンはあくびをしながら「おはよう、トーマス。おはよう、みんな」と返しました。そして、ケイトリンが休もうとしていたところにトップハム・ハット卿がやって来て、こう言いました。
「パーシー、いったいどうしたんだね？　駅をもうスピードで走ったり、うるさく汽笛を鳴らしただろう！　それにヘンリー、夜中に動物園の前をやかましく走ったな！　そのせいで島中のみんながねむれなかったんだぞ！」
　トップハム・ハット卿は、おこっています。

ケイトリンは楽しい時間を過ごしたのにどうして疲れていたのかな？

「でも、ぼくはフライング・キッパーを引いて走っていません」とヘンリー。
「ぼくも、郵便配達はしていないんです」とパーシーも言いました。
「じゃあ、いったいだれが？」

　トップハム・ハット卿がたずねると、「それ、わたしです」とケイトリンが申し訳なさそうに答えました。
「きみだったのか！　静かに走るよう言ったはずだぞ。みんなを起こさないようにとな」
「でも、ソドー島で過ごせるのがうれしくてわすれてしまったんです。わたしはただ、

みんなの役に立ちたくて……ごめんなさい」

ケイトリンが今にも泣き出しそうです。

「そうだったのか。だがな、ひと晩中はたらいていたのは、きみだけじゃないんだ。さっき、橋の点検が終了した。お客さんたちが待っているぞ。今こそ、役に立つ機関車の出番じゃないかね」

ケイトリンは「感謝します」と言って機関庫を後にしました。

こうしてケイトリンは静かに、音を立てないように走り、乗客をむかえに行きました。しかし、まったく寝ていなかったので、彼女はとても疲れていました。そして、うっかり橋のところでいびきをかきながら寝てしまったのです。コナーが「起きろよ、ケイトリン」と声をかけると、

「え？　ああ！　大丈夫！　起きているわ」とケイトリンは寝ぼけながら答えました。

夜はうるさくしないでしっかりと寝ること。ケイトリンはその大事なことに気がついたのです。

お話の流れ

第17シリーズ 「おさわがせなケイトリン」

主題 夜はうるさくせず、
しっかりと眠ること

⑭役割との向き合い方

 **ゴードン**

 パーシー

 ヘンリー

トップハム・ハット卿

「静かに走るんだぞ。みんなを起こさないようにな」

ゴードンを起こしてしまった。

「うるさくしないで静かにしていないとだめだぞ」

「ソドー島の他のみんなはまだ寝てるんだよ。音を立てないで。みんなを起こさないように」

「みんな眠っているから、起こさないようにするんだ。絶対に大きな音を出しちゃだめだよ」

 **ケイトリン**

 ケイトリン

 ケイトリン

ソドー島で一晩過ごせることになってとても嬉しかった。

静かに走ることをすっかり忘れていた。

「線路は空っぽで、もう誰も走っていないのよ。今なら自由に走り回れるわ！」

郵便配達を代わった。

フライング・キッパーを代わった。

嬉しさのあまり音を立てて走り、島中のみんなの眠りを邪魔したことに気づかなかった。

**ケイトリンの
ふりかえり**

ソドー島に初めて泊まることができて私はものすごくうれしかったの！からっぽの線路で、自由に走り回れていい気分だったわ。でも、静かにすることを忘れちゃったり、ひと晩中寝ていなかったからとても疲れちゃった。夜はうるさくしないで、しっかり寝ることの大切さに気づいたわ。

メインランドへ戻れなくなったケイトリンは、ソドー島で夜を過ごすことになった。ケイトリンは嬉しさを抑えきれず、とてもわくわくした。

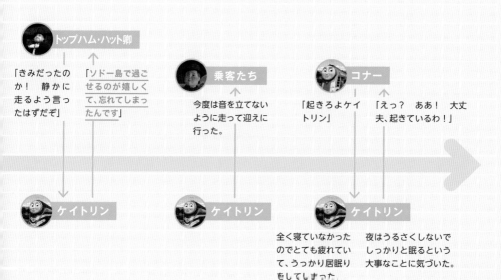

トップハム・ハット卿

「きみだったのか！ 静かに走るよう言ったはずだぞ」

「ソドー島で過ごせるのが嬉しくて、忘れてしまったんです」

乗客たち

今度は音を立てないように走って迎えに行った。

コナー

「起きろよケイトリン」

「えっ？ ああ！ 大丈夫、起きているわ！」

ケイトリン

ケイトリン

全く寝ていなかったのでとても疲れていて、うっかり居眠りをしてしまった

ケイトリン

夜はうるさくしないでしっかりと眠るという大事なことに気づいた。

誰にでも、ワクワクして眠れないようなことってあるよね。きっとこれから大きくなってもそういうときがたくさんあるはずだよ。でも、ケイトリンのようにしっかりと夜に眠らずに、肝心なときに居眠りしてしまうのは良くないね。明日やりたいことのために、今日をどのように過ごすのか。先を見越して行動することを実践してみよう。

トーマスの言葉

「エミリーとせんたくもの」

主題 どんな仕事も大事だということ

◎役割理解

　ソドー島はワクワクするようなとくべつな日を迎えていました。今日はサッカーチーム、ソドー・ユナイテッドの開幕戦の日です。子どもたちもこの日を楽しみにしていました。

　機関車たちはみんな、試合のじゅんびに大いそがしでした。

　トップハム・ハット卿が機関庫へとやってきて、「今日はとてもいそがしい一日になるぞ！」とみんなに声をかけました。

　「ソドー・ユナイテッドの選手たちを乗せる機関車が必要だ。サポーターを乗せる機関車もな。ハーフタイム用のリンゴは別の機関車が運んでくれたまえ」

　「もうひとつ、よごれたせんたく物をメイスウェイト駅で受け取って、せんたく屋さんに持って行く仕事もあるぞ」

　機関車たちはいっせいに「わかりました！！」とはりきって返事をしました。

　「わたしは急いでいるから、トーマス、きみがそれぞれの役割分担を決めてくれ」と言ってトップハム・ハット卿は行ってしまいました。

　エミリーはとてもうれしそうです。「わたし、サッカーが大好きなの！　いつもソドー・ユナイテッドがプレーしてる近くを走ってるのよ。ゴールキーパーは幸運の手袋を持ってるって知ってた？　センターフォワードの選手はいつも左足でボールをけるの。オフサイドのルールだって知ってるんだから！」

　彼女は自慢話に夢中で、みんなの話を聞いていません。

すると、トーマスは、「ぼくは選手たちをつれていくよ」と言いました。

　ジェームスは、「ぼくはサポーターを乗せるよ」と言い、パーシーは、「それじゃあ、ぼくはリンゴを運ぶからね！！」とはりきって出発していきました。

　エミリーが、「ちょっと待ってちょうだい！　わたしは何をするの?!」と驚いた様子で言いました。自分が話している間に、役割分担が決まっていたのです。

　「きみは、よごれたせんたく物を運んで」とトーマスが答えたものですから、エミ

リーは、「よごれたせんた
く物ですって！　わたし
は彼らのことなら何でも
知ってるわ、一番大事な
仕事じゃなきゃ！　せんた
く物を運ぶなんて大事な
仕事じゃないわ!!」と怒っ
てしまいました。

　エミリーはしぶしぶ分岐点までやってきましたが、「よごれたせんたく物を取りに行くなんて絶対イヤだわ!!」と、とてもイライラしていました。

　その時、橋の上をわたるパーシーのすがたが見えました。パーシーはリンゴを取りに行くところでした。

　「パーシーの仕事は大事よね。わたしにも手伝えるはず……！」

　エミリーはメイスウェート駅に向かわず、パーシーを追いかけていくことにしました。

　そして、パーシーとエミリーはマッコール農場停車駅に到着しました。

　「こんにちはパーシー。わたしも後ろから、あなたを手伝うわ!!」とエミリーは言いました。

　ところが、パーシーは、「必要ないよエミリー。ぼくは大丈夫！」と返しました。

でもエミリーはその仕事をしたかったので、貨車の後ろでパーシーを手伝うことにしました。

「ちょっと、何してるんだい！！」

エミリーが、貨車をパーシーとは反対方向にひっぱっているではありませんか。

とそのとき、エミリーが強く引っぱりすぎたために、れんけつ機がはずれ、貨車がたおれてしまいました。

中に入っていたリンゴがあちこちに転がり落ちました。

「エミリー、手伝わなくてもいいってば。これはぼくの仕事だ、せんたく物を取りに行きなよ」

パーシーははっきりと言いました。

せんたく物を取りに行きたくなかったエミリーは、蒸気をふき出し、なっとくがいかない様子でゆっくりと走り出しました。

「わたしはサッカーチームをおうえんしたいの。せんたく物を運んでも役に立てないわ」

ふたたび分岐点にやってくると、エミリーは向こうから走ってくるジェームスに気がつきました。彼はソドー・ユナイテッドのサポーターを乗せていました。

「ジェームスの仕事は大事よね。わたしにも手伝えるはず。ジェームス、止まって！ その大事な仕事を手伝わせて！ 後ろからおすから！ そうすればあっという間に着くわ」

ジェームスはびっくりしました。同じ線路の上にエミリーがいるのです。彼は止

まろうとしましたが近すぎて止まることができません。

「ちょっと！　ジャマだよ、エミリー！！」

　ジェームスは大声でさけびましたが、エミリーは動こうとしません。

　彼は仕方なく側線へと入りました。そして、そのままのいきおいで車止めにしょうとつしてしまいました。客車は大きくゆれ、サポーターたちもおどろいています。ケガ人が出なかったのは幸運でした。

「あぶないじゃないか！　手伝わなくて平気だって！　これはぼくの仕事だ。きみはせんたく物を取りに行きなよ」

　ジェームスはカンカンです。

　エミリーはますますイライラしました。せんたく物を取りに行くのがどうしてもイヤだったのです。

　ジェームスはムッとしながら、客車をひいて走っていきました。

「一番大事な仕事がしたいの。サッカーチームをおうえんしたいだけよ。せんたく物を運んでもわたしは役に立てないわ」

　その時、トーマスがエミリーのすぐ横を通りすぎました。ソドー・ユナイテッドの選手たちをむかえに行くところでした。

「トーマスの仕事は大事よね、わたしにも手伝えるはず！」

　まちの広場に到着したエミリーは、大きな音を立てて止まりました。そこにはソドー・ユナイテッドの選手たちが待っていました。なぜだか不安な顔をしています。トップハム・ハット卿もいました。ハット卿はエミリーをみるなり、きびしい顔でたずねました。

「エミリー、ソドー・ユナイテッドのきれいなユニフォームは一体どこにあるんだね？！」

　彼女はそこではじめて気がついたのです。

「どうしよう、大変だわ！　よごれたせんたく物って選手たちのユニフォームのことだったのね。わたしがせんたく屋さんに持って行かなかったから、みんなが開幕

戦で着るユニフォームがないんだわ」

エミリーはうろたえました。

「このままじゃ試合ができない、何もかもわたしのせいだわ！ <u>他の仕事の方が、自分の仕事より大事だと思ったんです。</u>でも、どんな仕事も大事だってわかりました。トップハム・ハット卿、今から一生懸命走って、開幕戦の試合が始まるまでにきれいなユニフォームを持ってきます！ 選手のみなさん、ごめんなさい！！」

エミリーは急いでメイスウェイト駅に向かい、選手たちのユニフォームを受け取りました。

そして、蒸気をふき上げながら大急ぎで、今度はマロン駅へと向かいました。せんたく屋さんは大急ぎでユニフォームをあらいました。

せんたく屋さんは、「ユニフォームはまだビショビショよ。試合が始まるまでにかわかないわ」と心配そうです。

「こまったわ……そうだ！ いい方法を思いついた！ わたしのえんとつにせんたく物をむすんでください。まちの広場まで走っている間に風でかわかします！」

それを聞いたせんたく屋さんは、にっこりとほほえみました。

ユニフォームをむすんでもらったエミリーは元気いっぱい走り出しました。

「これでみんなきれいなユニフォームを着られるわ。絶対大丈夫、これでバッチリよ！

エミリーはどうして他の仕事の方が、自分の仕事よりも大事だと思ったんだろうね。

がんばれ、ソドー・ユナイテッド！　がんばれがんばれ〜！！」

　子どもたちが笑いながらエミリーに手をふると、エミリーは汽笛を鳴らしてこたえました。

　まちの広場に到着したエミリーは、「きれいで、かわいたユニフォームを持ってきましたよ！！」と言いました。

　選手たちは歓声をあげ、それを聞いたエミリーは思わずうれしくなりました。

「みんながんばって！　行け、行け、ゴー、ゴー、スピード勝負だ！　ゴールをうばえ！　ソドー・ユナイテッ〜ド！！」

　と、エミリーがさけぶと、そこにいたみんなが大声で笑いました。

　エミリーは高らかに汽笛をひびかせました。

お話の流れ

第14シリーズ 「エミリーとせんたくもの」

主題 どんな仕事も大事だということ

Ｄ役割理解

トーマス

パーシー

ジェームス

トーマス

「きみは汚れた洗濯物を運んで！」

パーシー

手伝おうとして、貨車からリンゴを落としてしまった。

「これはぼくの仕事だ。洗濯物を取りに行きなよ！」

エミリー

自慢話に夢中でみんなの話を聞いていなかった。

エミリー

「一番大事な仕事じゃなきゃ！ 洗濯物を運ぶなんて大事な仕事じゃないわ」

エミリー

洗濯物を運びたくなかった。

**エミリーの
ふりかえり**

わたしはサッカーが大好きで、サッカーチームをおうえんするためには一番大事な仕事がしたいって思ってたの。さいしょはよごれたせんたく物を運ぶのは大事な仕事じゃないって思ってたけど、そんなことなかった。どんな仕事も大事だってわかったの。

サッカーチームのソドー・ユナイテッドを迎える日。サッカーが大好きなエミリーは選手たちを応援するために、一番大事な仕事をしたいと思った。

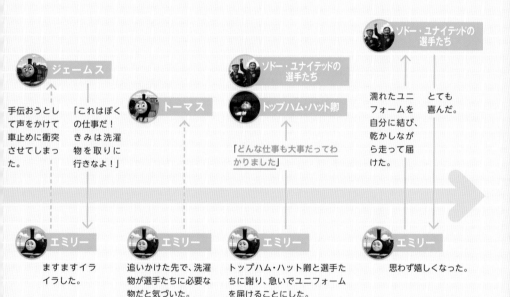

ジェームス

手伝おうとして声をかけて車止めに衝突させてしまった。

「これはぼくの仕事だ！きみは洗濯物を取りに行きなよ！」

トーマス

ソドー・ユナイテッドの選手たち

トップハム・ハット卿

「どんな仕事も大事だってわかりました」

ソドー・ユナイテッドの選手たち

濡れたユニフォームを自分に結び、乾かしながら走って届けた。

とても喜んだ。

エミリー

ますますイライラした。

エミリー

追いかけた先で、洗濯物が選手たちに必要な物だと気づいた。

エミリー

トップハム・ハット卿と選手たちに謝り、急いでユニフォームを届けることにした。

エミリー

思わず嬉しくなった。

まかされた仕事がだれの役に立っているのかというのは、実ははたらいているときはわかりづらいのかもしれないね。そうなると、今回のエミリーのように大事な仕事ではないと思ってしまうのかもしれないよ。このお話の中で、もしもきみがエミリーによごれたせんたく物を運ぶようおねがいするとき、どのようにおねがいするかな？　大事な仕事であることがエミリーにもわかるようにおねがいしてみよう。

トップハム・ハット卿の言葉

「クリスマスのさいしゅうれっしゃ」

主題 協力して困難を乗りこえること

E他者との協力

今日はクリスマスイブです。ソドー島では、家族の待つ家に急ぐ人がたくさんいます。

オリバーは「また雪がふってきたよ！　さっき支線の雪かきをしたのに！」と残念そうです。

そんなオリバーを見てトーマスは「でも明日はもう雪かきをしなくてもいいからね」となだめました。

ダックも「ああそうだね。あったかい機関庫でみんなゆっくりできるんだ」とうなずきました。オリバーは「一体何の話をしているんだい？」と不思議そうな顔でふたりを見ています。

トーマスがうれしそうに「明日はクリスマスだよ、オリバー！　ぼくたちの仕事は1日休みでしょ！」と言うと、意味を理解したオリバーも「やった！　ぼく、あったかいの大好きだ」と喜びました。

そのころ、コナーはメインランドでソドー島に向かう乗客を乗せているところでした。あまりにも人が多すぎて、客車はもう満員です。

松葉杖をついた男の子が乗りこもうとしましたが、目の前でドアをしめられてしまいました。

「ああ、どうしよう！　ぼくたちおいていかれちゃうよ」とこまっています。

コナーは「心配しないで待っていて。約束するよ、かならずもどってくる！」駅長

の笛がなりました。

「クリスマスまでにもう1回走るからね！」

コナーがナップフォード駅についたのは、夜もおそい時間でした。

彼が「あの……客車をふやしてぼく

がもう一度走ってくれば、のこっているみんなも家族でクリスマスをすごせます！」と言うと、

トップハム・ハット卿は「それでは急いでくれ、コナー。これからはもっと雪が降るだろうからな」とさんせいしました。

コナーは「おまかせください。ぼくはスピードが自慢ですから！」とはりきります。

ナップフォード操車場でコナーは「客車、客車っと……予備の客車はどこにあるんだ？」とあたりを見回していました。

「ここだよ！」

近くの大きな雪山から声が聞こえてきました。

コナーが「だれの声だい？」と言うと、近くにいたトーマスが、その雪山にむかってぶつかっていきました。すると、雪がくずれ落ちて中から客車がでてきたのです。

「ぼくたちなら速く走れるよ！」

トーマスが「スリップコーチだよ。走りながら切りはなせる客車で、そのまま駅に進んでくれるから、きみは、止まらなくてもいいんだ」と教えてくれました。

「そりゃいい！　それなら今までより速く走れるぞ！」コナーは喜びました。

コナーはスリップコーチを引きながら、急いでナップフォード駅へもどって行きました。

　でも雪ははげしくなる一方です。雪のせいで問題も起きていました。前へ進めないほど、雪がつもってしまったのです。バクストンも雪にうもれて動けなくなっていました。

　そのためトップハム・ハット卿は、重大な決断を下すことになったのです。

　ナップフォード駅でトップハム・ハット卿はみんなを前に言いました。

「この大雪ではどうしようもない。本線は通行止めにする。残念だが、今夜はもうきみたちに仕事をしてもらうのは無理だろう」

　トーマスがあわてて「コナーはどうなるんですか？　コナーを待っているお客さんもいます。最終列車はどうするんですか？」と聞くと、

　ディーゼルが「雪じゃ最終列車を走らせるのは無理なんだよ、トーマス」と答えました。

「ああ、その通りだよ。お客さんが雪の中に取りのこされたら大変だ」そうトップハム・ハット卿も同意しました。

　トーマスは「でも、雪は止んできています！　ぼくたちがなんとかします！　みんなで雪かきをしますから……」とあきらめません。

　ディーゼルは「もうおそいんだってトーマス！　日がくれちまった。駅だって全部しまっているよ」と言いました。

　トップハム・ハット卿も言いました。「ディーゼルの言う通りだ、トーマス。日がくれたし、もうおそい……」

　悲しみにくれ、だき合うお客さんを見て、パーシーが言いました。「だけど、お客さんたちはクリスマスを家ですごせなくなっちゃうんですよ！」

　トップハム・ハット卿は「あっと…そうだな。トーマスの言うこともももっともだよ」と考え直しました。

「よし、ではこうしよう。なんとかみんなで雪かきをしてコナーがお客さんを乗せて走れるようにしてくれたまえ！」

トーマスとパーシーは大きな声で「わかりました！」と答えました。

線路はどこも深い雪がつもっていました。最終列車を走らせるため、みんなは力を合わせ線路の雪かきをつづけました。

トーマスとパーシーはウェルスワース駅の線路をきれいにしていました。

ふと、空を見上げたパーシーは目をかがやかせました。空に動くかげを見つけたからです。

「見て、トーマス！　あれってもしかして……」

トーマスも空を見上げ、「ハロルドだ！　ヘリコプターのハロルドだよ。雪で動けない人がいないかパトロールしているんだ」と声をあげました。

本線は通行止にしようと考えていたのに、どうしてトップハム・ハット卿は考えを変えたんだろう？

パーシーは「な〜んだ……」とつまらなそうにつぶやきました。

いっぽう、エドワードとヘンリーはマロン駅に先についていました。ヴィカーズタウンの近くは雪が深く、エミリーの蒸気はのこり少なくなっていました。

エミリーは「はぁ〜、大変……こんなすごい雪、今まで見たことないわ」となげきました。

これ以上雪をどかすことはできそうにありません。

「ディーゼルの言う通りね。これで最終列車を走らせるなんてやっぱり無理よ！」

エミリーがバックしようとすると向こうに何かが見えます。

「うわ！　あれは何？」エミリーはおどろいてさけびました。

「ヒロが来てくれたわ」

力の強いヒロが反対がわから雪かきをしてくれました。

線路はあっという間にきれいになり、コナーが走れるようになりました。

　コナーが「ありがと〜う！」と叫びながら、ヒロが雪かきしたばかりの線路を通って行きました。

　空を見たヒロは、月明かりにてらされたかげを見つけました。

「あれはもしかして……？」

「だれ？　まさか！」とエミリーも声がはずみます。

　しかし次の瞬間、ヒロは言いました。「ああ、ちがった。ヘリコプターのハロルドだったよ」

　それを聞いて、エミリーの顔はくもりました。

　コナーはケルスソープ・ロード駅でスリップコーチを切りはなしていました。さらにマロン駅で2番目のスリップコーチを切りはなしました。

　トーマスはウェルスワース駅の雪かきを終わらせたところでした。

　そこへコナーが走ってやって来て、最後のスリップコーチを切りはなしました。

　ところが客車はホームで止まりません。コナーが切りはなすタイミングがおそかったのです。

「どうしよう、大変だぞ！　お客さんが雪の中に取りのこされちゃう！」

　トーマスはスリップコーチを運び、無事に乗客を駅でおろしました。

乗客たちは口々に「ありがとう、トーマス！」「よくやった！」「わーい！」「すごいぞトーマス！」とお礼を言いました。

ナップフォード駅では、無事に帰れた松葉杖の男の子が「ありがとう、コナー！　メリークリスマス！」とコナーにお礼を言っています。

コナーも「どういたしまして。メリークリスマス！」と答えました。

トップハム・ハット卿も「今夜は本当に素晴らしい仕事をしてくれたな、コナー」とほめました。

「ありがとうございます。でもみんなが助けてくれたからですよ！」コナーは答えました。

「ああ、その通りだな。お客さん全員クリスマスまでにソドー島にもどってこられたのはきみたちのおかげだ！　よくやったぞ、みんな！　メリークリスマス、そしておやすみ！」とトップハム・ハット卿はそう言うともどっていきました。

トーマスとパーシーが「すてきなクリスマスを！」と、

ヒロとエミリーは「おやすみなさい！」とあいさつして帰っていきます。

トーマスがふと空を見上げると、まだハロルドが飛んでいました。

「メリークリスマス！　ハロルド！」と彼は空に向かって声をかけ、帰っていきました。

しかし、トーマスは気がつきませんでした。彼があいさつしたかげは、実はトナカイのひくソリに乗ったサンタクロースだったのです。サンタクロースは月明かりにてらされて、「ホウ、ホウ、ホウ、ホウ」とソドー島の空をかけていきました。

第18シリーズ **「クリスマスのさいしゅうれっしゃ」**

主題 協力して困難を乗りこえること

€他者との協力

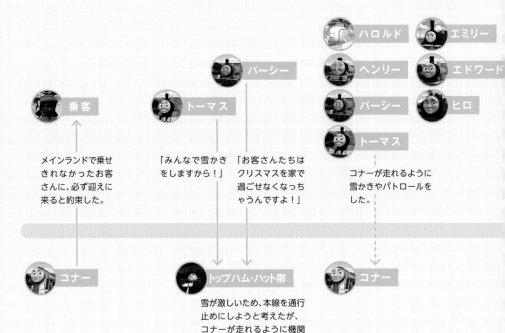

ハロルド

エミリー

パーシー

ヘンリー

エドワード

乗客

トーマス

パーシー

ヒロ

トーマス

メインランドで乗せきれなかったお客さんに、必ず迎えに来ると約束した。

「みんなで雪かきをしますから！」

「お客さんたちはクリスマスを家で過ごせなくなっちゃうんですよ！」

コナーが走れるように雪かきやパトロールをした。

コナー

トップハム・ハット卿

コナー

雪が激しいため、本線を通行止めにしようと考えたが、コナーが走れるように機関車たちに雪かきを指示した。

**コナーの
ふりかえり**

この日は雪がたくさんふっていて、夜もおそかったから、ぼくだけの力ではお客さんを乗せて走ることができなかったんだ。でも、みんなの協力があったからお客さん全員を運ぶことができた。みんなで協力すれば、ひとりじゃできないことができるんだ。

クリスマスイブのソドー島では、大雪が降っていた。このままでは通行止めになってしまうが、お客さんが家でクリスマスを過ごせるよう、機関車たちは雪かきをすることにした。

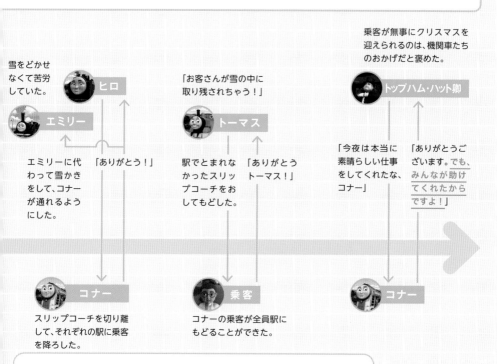

雪をどかせなくて苦労していた。

ヒロ

エミリー

乗客が無事にクリスマスを迎えられるのは、機関車たちのおかげだと褒めた。

「お客さんが雪の中に取り残されちゃう！」

トーマス

トップハム・ハット卿

エミリーに代わって雪かきをして、コナーが通れるようにした。

「ありがとう！」

駅でとまれなかったスリップコーチをおしてもどした。

「ありがとうトーマス！」

「今夜は本当に素晴らしい仕事をしてくれたな、コナー」

「ありがとうございます。でも、みんなが助けてくれたからですよ！」

コナー

スリップコーチを切り離して、それぞれの駅に乗客を降ろした。

乗客

コナーの乗客が全員駅にもどることができた。

コナー

きみはこれまでにつらいことを乗りこえたことはある？　とても大変だったと思うけど、乗りこえた時、どんなことを考えたかな。自分の力で乗りこえたことをよろこぶか、それだけでなく自分をささえてくれたまわりの人への感謝を感じた？　コナーはこのお話の最後で、きっと、助けてくれたみんなへの感謝とみんなでよろこぶ良さを感じたのだろうね。

トーマスの言葉

「ケビンのじまんのフック」

主題 自分の良さに気づくこと

Ⓐ自己理解

　ソドー島の機関車たちはみんないそがしくはたらいているのが大好き。

　どの機関車も一生懸命線路を走ったり、荷物をあちこち運んだり、それぞれ役に立つ仕事をしていました。

　ソドー整備工場はとてもいそがしい朝をむかえていました。とくにビクターは大いそがしでした。

　ちょうどトーマスとパーシーがボディをみがいてもらったところで、彼らはピカピカにかがやいていました。

　ビクターは言いました。

「今からスペンサーのボイラーを取りに行かなきゃならん。ケビン、留守の間、整備工場のせきにん者をつとめてくれ。しっかりはたらけよ。よく考えてな！」

　ケビンは「わかりました、ボス。もちろんそうします、ボス」と元気よく答えました。

　ケビンはワクワクしていました。

　トーマスとパーシーは、「がんばってね、ケビン！」「きみならできるよ！」とケビンに声をかけました。

　トーマスは走り出そうとピストンを動かしました。すると、前に止まっていたドラムかんをたくさんのせた貨車にぶつかってしまいました。貨車は大きな音を立てて、パーシーにぶつかりました。

　パーシーはとてもおどろいて、

「びっくりした〜。いち、にの、ガシャンだ、トーマス」と笑いながら貨車をトーマスの方におし返しました。

トーマスも「いち、にの、ガシャンだ、パーシー！」とまた笑いながら貨車をおしました。

ケビンはトーマスとパーシーの新しい遊びをながめていました。

彼は楽しいことが大好きだったので思わず、さんかしたくなりました。

ケビンは「ぼくも仲間に入っていい？」とふたりにたずねました。

トーマスは「もちろんいいよ、ケビン。いち、にの、ガシャン！」と言いました。

ケビンも笑いながら言いました。「いち、にの、ガシャン！　えい！」

するといきおいよくぶつかったはずみで貨車がレールのわきにひっくり返り、つまれていたドラムかんがあちこちにちらばりました。

ケビンは息を飲んで言いました。「大変だ！」

トーマスは「気にしないでケビン」と言いました。

しかし、ケビンは気にしていました。

彼はトーマスとパーシーのように貨車をおして遊びたかったのです。

「ぼくにはきみたちみたいにバッファー（緩衝器）がついていないから、うまくできないや」

ケビンは残念そうに言いました。

トーマスとパーシーは、ケビンをがっかりさせたくありませんでした。

トーマスが「仕事が終わったら、急いでもどってくるよ。ケビン」と言うと、

パーシーも「そうしたらいっしょに、いち、にの、ガシャン！　をやろう！」と言

いました。

　それを聞いてケビンは元気になりました。

　そしてその時、とてもいいアイデアがうかびました。

「ぼくも機関車みたいに一生懸命におそう。そうすれば、トーマスとパーシーといっしょに遊べるぞ！」

　ちょうどそこへエミリーがやってきました。

　エミリーは「ケビン、バッファーをみがいてほしいの」と言いました。

　ケビンは「もちろんですよ、すぐ行きますね」とこたえました。

　ケビンはエミリーの方に向かおうとしましたが、ドラムかんがじゃまで行けませんでした。

「ちょうどいいや、練習だ！　いち、にの、ガシャン！」

　そう言うとケビンはドラムかんにぶつかりました。

　ドラムかんはエミリーの車輪にぶつかり、彼女はびっくりして「ちょっとひどいじゃない、何するのよ！　ドラムかんで車輪にきずがついたじゃない！」とさけびました。

「すみません、エミリー」とケビンはおどろきながら言いました。

「そんなつもりじゃエミリー……力が入っちゃってエミリー。すぐに直しますね」

どうしてケビンは練習をしてみようと思ったのだろう？

　ケビンがあわてていると、スペンサーがとてもえらそうな態度でやってきました。

「ぼくのボイラーはどこにあるんだい？」とスペンサーが聞きました。

　ケビンは「それはですね、スペンサー。そのー。今すぐ持ってきますよ」とこたえました。

　ケビンは整備工場を走り回りましたが、他のドラムかんがじゃまで動くことができませんでした。

「ちょうどいいや、これも練習だ！　いち、にの、ガシャン！」そう言うとケビン

はドラムかんにぶつかりました。

　スペンサーはびっくりして「まったく何するんだ！　ドラムかんがぼくのバッファーの下にはさまったぞ！　これじゃあ、走れないじゃあないか！」とさけびました。

　ケビンは「すみません、スペンサー。そんなつもりじゃスペンサー…。力が入っちゃってスペンサー。すぐに直しますね！」

　ケビンはスペンサーのところに向かいました。

　しかし、あわてて走ったので、今度はほかのドラムかんにぶつかってしまいました。

　ケビンは「やった〜！　いち、にの、ガシャン！　ぼくも機関車みたいにおせたぞ」とよろこびました。

　ちょうどそこへビクターが帰ってきました。

　そこで、問題が起きました。ケビンがおしたドラムかんが、ビクターめがけてとんで行ってしまったのです。

　ケビンは「ひゃあ、どうしよう！」とこまり顔です。

「まったく、これは一体どういうことだ!?　なんてことをしてくれたんだ！　ケビン！　オイルまみれでベトベトになったじゃないか」とビクターはカンカンにおこっています。

「わたしは車輪にきずがついたわ」「ぼくの車輪は動かなくなったんだぞ！」

　エミリーとスペンサーも、ケビンをにらみました。

　ケビンはしょんぼりして言いました。「すんません、みなさん。トーマスたちといっしょにいち、にの、ガシャンをやりたかったんです。だから機関車みたいにおせるようになりたくて…でもぼくにはそんなことできませんでした。それに役に立

つ仕事も全然してないんです」

　ちょうどその時、トーマスとパーシーが仕事を終わらせてもどってきました。

　トーマスは言いました。「やあ、ケビン。いち、にの、ガシャンをしよう！」

　ケビンはトーマスとパーシーといっしょになって遊びたくて仕方がありませんでした。

　でももう無せきにんなことはしたくありませんでした。ケビンはみんなの役に立つクレーンになりたかったのです。

　ケビンは「ごめんなさい、今、無理なんです。仕事がたくさんあるんですよ」と答えました。

　こうしてケビンはフックを使いながら、慎重に新しい車輪をおろしました。

「その車輪は新品でピカピカにみがいてあるんですよ、エミリー！」とケビンは言いました。

「ありがとう、ケビン」とエミリーもうれしそうです。

「お待たせしちゃってごめんなさい。スペンサー。また車輪がちゃんと動くように
　ぼくが今すぐ直しますからね」とケビンは言いました。

「いい仕事ぶりだな、やるじゃないか！　これでまた走れる。ありがとうケビン」
とスペンサーも明るい表情になりました。

　ケビンはほほえみました。役に立つ仕事ができてうれしかったのです。

　今度はビクターをきれいにする番です。

「今すぐせんざいを持ってきます、ボス！」ケビンはビクターに言いました。

　しかしスペンサーを通すのが先でした。

「先にぼくを通してくれ！

たのむよ」とスペンサーが言いました。

　ケビンはあわてて言いました「もちろんです、ボス。いや、スペンサー。さあ来ましたよ、ボス！」

「でもな、ケビン、せんざいはどこなんだ？」ビクターに聞かれてケビンはあせりました。

　ケビンは動きを止め、あちこちをさがしました。せんざいが見当たりません。

　トーマスが「そこにあるよ、ケビン」パーシーも「貨車の後ろだよ」と声をかけました。ケビンがせんざいに走っていくのを見て、

　パーシーが「たからさがしみたい」とわらうと、トーマスも「それって、すごく面白いな！　きみのフックで物をかくすのって、最高のゲームになりそうだよ」と笑いました。

　間もなく、ビクターは元通り、きれいなすがたにもどりました。

　ビクターは「もういいぞ。トーマスとパーシーといっしょに遊んでおいで」とケビンをこころよく送り出してくれました。ケビンはとてもよろこびました。

　こうしてケビンがフックでものをかくし、トーマスとパーシーがさがし回る遊びをしました。

　トーマスは言いました。

「すごいよケビン！　ぼくたちはフックでものをかくしたりできないもん！」

　それを聞き、ケビンはとてもうれしい気持ちになりました。

「そうです、そこがクレーン車のいいところなんですよ」ケビンが得意顔で言うと、

　みんなが「ケビンの言う通りだ！」と歓声をあげました。

「いえーい、最高！」

> どうしてケビンは
> うれしい気持ちに
> なったのだろう？

第15シリーズ 「ケビンのじまんのフック」

主題 自分の良さに気づくこと

Ⓐ自己理解

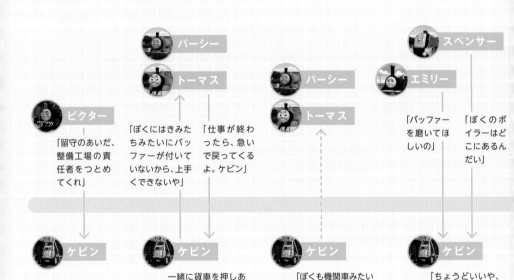

ビクター

「留守のあいだ、整備工場の責任者をつとめてくれ」

パーシー

トーマス

「ぼくにはきみたちみたいにバッファーが付いていないから、上手くできないや」

「仕事が終わったら、急いで戻ってくるよ。ケビン」

パーシー

トーマス

スペンサー

エミリー

「バッファーを磨いてほしいの」

「ぼくのボイラーはどこにあるんだい」

ケビン

一緒に貨車を押しあって遊んでいると、積まれていたドラム缶を倒してしまった。

ケビン

「ぼくも機関車みたいに一生懸命に押そう。そうすればトーマスとパーシーといっしょに遊べるぞ！」

ケビン

「ちょうどいいや、練習だ！」

ケビンのふりかえり

トーマスやパーシーと同じように「いち、にの、ガシャン」で遊びたかっただけなんです。でも、全く同じ遊びでなくても、自分のよさを活かして遊べたのがすごくうれしかったですよ！

ビクターが仕事にでかけるため、ケビンは整備工場の責任者を任された。しかし、トーマスとパーシーと貨車を押し合い、夢中になって遊んでいた。ケビンはうまく押せず、ドラム缶をたおしてしまう。

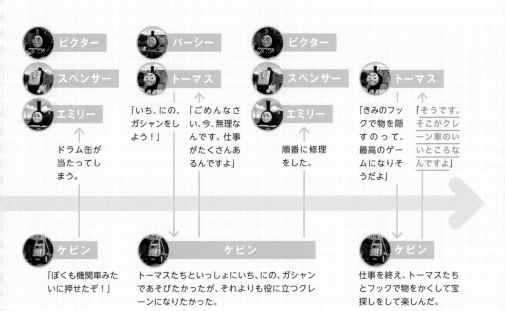

ビクター

スペンサー

エミリー

↑

ドラム缶が当たってしまう。

パーシー

トーマス

「いち、にの、ガシャンをしよう！」

「ごめんなさい、今、無理なんです。仕事がたくさんあるんですよ」

ビクター

スペンサー

エミリー

↑

順番に修理をした。

トーマス

「きみのフックで物を隠すのって、最高のゲームになりそうだよ」

「そうです。そこがクレーン車のいいところなんですよ」

ケビン

「ぼくも機関車みたいに押せたぞ！」

ケビン

トーマスたちといっしょにいち、にの、ガシャンであそびたかったが、それよりも役に立つクレーンになりたかった。

ケビン

仕事を終え、トーマスたちとフックで物をかくして宝探しをして楽しんだ。

トップハム・ハット卿の言葉

だれにでもいいところがあって、「自分らしさ」というものを持っているんだけれども、ケビンのように、周り（今回はトーマスやパーシー）のおかげで気づくこともありますね。きみも「自分らしさ」をさがしてみるのはどうかな？　そして、きみがお友だちに自慢できることもさがしてみよう。

「シマシマのゴードン」

主題 偏見を持たないことの大切さ

⑥他者への向き合い方

　ソドー島では、たくさんの機関車たちがはたらいています。蒸気機関車もいれば、ディーゼル機関車もいます。

　蒸気機関車とディーゼル機関車はいつも仲がいいというわけではありませんでしたが、役に立つ機関車になりたいという気持ちはどちらも同じでした。

　ある朝ゴードンがブレンダムの港にお客さんを乗せてくると、ディーゼルとハリーとバートが石炭の貨車をおしていました。彼らがぶつかり合う大きな音にゴードンはふきげんになりました。

　ゴードンは「どいたどいた〜！　急行列車のお通りだぞ！」と、わざと大きな声を出しながら進みます。それを聞いたディーゼルは、ゴードンに意地悪をしてやりたくなりました。

　彼は「どいたどいた〜！　貨車のお通りだぞ！」と真似をし、ハリーが「自分はすごくとくべつだって」と、バートも「思ってるな！」と言ってゴードンをかこみました。

　ゴードンは「おれはゴードンだぞ。立派な青いボディのすごい機関車だ。お前らなんてオイルくさくて黄色で、シマシマ模様じゃないか。そんな色と模様じゃ、立派とは言えないな！」と彼らをにらみつけました。

　ゴードンは堂々と前へ進み、ディーゼルの運んでいた貨車にぶつかっていきました。ところが、しょうげきで彼のバッファーが曲がってしまいました。

　「まったくもう……なんてこった！」

思わぬ出来事に、ゴードンは悲しくなりました。

ディーゼルとハリーとバートが笑って見ていると、港のせきにん者がやってきて「ゴードン、機関車の部品をディーゼル整備工場に運んでくれ」と言いました。

バッファーが曲がっていることは気にしていないようです。うなるゴードンを見て、みんなはまた笑いました。港のせきにん者はつづけます。

「それが終わったら、港でまたお客さんを乗せるんだぞ」

こうして急行列車を外されたゴードンは、ディーゼル整備工場にやってきました。

「機関車の部品のお通りだぞ～！」

彼はえらそうに走っていたので、すぐ前においてあった貨車に気がつかずしょうとつしてしまいました。そしてなんと、はずみで彼のバッファーが外れてしまったのです。

「大変だ、どうしよう」とうろたえていると、デンとダートがやってきました。

彼らは外れたバッファーを見ると、口をそろえて「直してやるよ！」と言いましたが、ゴードンは言い返しました。

「ディーゼル機関車に直せるわけないだろう！　蒸気機関車を直せるのは、蒸気機関車だけだ。もう行かないと！　ピストンもちゃんと動くし、車輪だって回転するからおれは平気だ。じゃあな！」

ゴードンは走り出しましたが、バッファーがないままです。

整備工場の外で、彼はメイビスに会いました。

「ゴードンったら！　あなたバッファーがこわれちゃってるじゃない？　バッファー

がないまま走っちゃダメよ。あぶないでしょ！」とメイビスは声をあげました。

　ゴードンは顔を赤くして「あぶなくないから大丈夫だよ、メイビス」と言うのがやっとです。

　しかし彼女は、「いいえ、それじゃ危ないわ。今すぐ戻って。デンたちが直してくれるから」と許してくれません。

　ゴードンがあきらめて整備工場に引き返すと、デンとダートが笑って待っていました。

　ふたりはそろって「ほらこっち！」と工場の中に入っていきます。

　ゴードンは気が乗りませんでしたが、一緒に来てくれたメイビスにもうながされて、しぶしぶ建物の中に入りました。

　デンとダートは「お前の新しいバッファーだぞ」「あっしらがおたくの古いバッファーを直している間、これを使うってことでやんす」と、ほこらしげに説明しました。

　ですが、ゴードンはそれを見てまたなげきました。用意されていたのは、ディーゼル機関車用の黄色と黒のバッファーだったのです。

　彼は息まいて「これはディーゼル機関車用だぞ！」と言いました。

　デンとダートは得意気です。メイビスも「かっこいいバッファーね」とほめました。

　彼は悲しみでいっぱいでしたが、メイビスは「わがまま言わないの。じゃあね」といって去って行ってしまいました。

　「やっぱり思った通りだ。ディーゼル機関車におれたちは直せない。それじゃあな」

　ゴードンはなげきながらディーゼル整備工場から出て行きました。

　整備工場の外で、今度はソルティーに会いました。

　ソルティーは「やあやあ、元気か兄弟？」とたずねるやいなや、「おい、バッファーがないじゃないか！　そりゃまずいぞ」と息を飲みました。

　ゴードンは「心配なんていらない」とふてくされましたが、

　ソルティーははっきりと 「バッファーがなきゃ機関車とは言えねえ。それが鉄道の

鉄則だ。ディーゼル整備工場に戻れ！」と言いました。

　ゴードンはしぶしぶ整備工場に引き返しました。デンとダートはバッファーを用意して待っていました。

　「じゅんび万端だ」とデンが、「おたくのだ」とダートが言いました。

　ゴードンは「ああ……あんなものをつけるなんて！」となげきました。

　バッファーをつけてもらったゴードンはお客さんをむかえに行くために、港へと出発していきました。黄色と黒のバッファーは派手でとてもよく目立ちます。まるでディーゼル機関車のようです。

　「お客さんたちを大急ぎで乗せるようにしないとな。港がこんでいないといいが。こんなすがたをだれにも見られたくないぞ」

　しかし、港はとてもにぎわっていました。ゴードンの黄色と黒のバッファーを見ようとして機関車たちが集まっていたのです。

　ディーゼルが近づいてきました。

　彼が「これはおどろいたな。ディーゼル機関車みたいなゴードンだ！」と笑いながら言うと、ハリーとバートもいっしょに笑いました。

　「おれは立派なゴードンなんかじゃない。黄色くてシマシマ模様だなんて…これじゃおれはディーゼル機関車のゴードンだ」

　すると、そこへトーマスがやってきました。

　「どうしたんだい、ゴードン？」とトーマスがたずねます。

　「バッファーがディーゼル整備工場で外れてな。デンとダートがおれの立派なバッファーを直している間、これを使うようにって言われたんだ」とゴードンは答えると、

トーマスは「それはびっくりだな！　ディーゼル機関車にもぼくたちが直せるんだ！　そのバッファーでもちゃんと走れるんだね」と目を丸くしました。

　それを聞いたゴードンはハッとしました。

「言われてみれば、本当だ！　その通りだよ！」

　ゴードンはお客さんを乗せてゆっくりと走り始めました。彼は笑顔で走りぬけます。みんながそのすがたをながめています。

　でもゴードンは気になりませんでした。ぎゃくにみんなに見てもらえてうれしい気持ちです。

「こいつはディーゼル機関車たちに修理してもらったんだ！

どうしてゴードンはハッとしたんだろう？

おれはゴードンだ。ちゃんと安全に急行列車をひっぱることができるんだぞ！」と得意げです。

　線路のそばにいた女の子が「やったね！　ゴードンとディーゼル機関車！」と声をあげると、ほかの子どもたちもくちぐちに「すごいぞ〜！」とほめました。

　上きげんになった彼は、「ああ、その通りだ。すごいぞ、ゴードン〜！　すごいぞ、ディーゼル機関車！」と明るい声で言いました。

　ゴードンはようやくディーゼル整備工場に到着し、お客さんたちをおろしました。だれもがゴードンのシマシマ模様のバッファーを感心して見ています。

　デンとダートがピカピカの赤いバッファーを用意して待っていました。

「これでもうにげなくてもいいぞ」「おたくのバッファーを直したってことでやんす」

　それを聞いたゴードンは最高の笑顔をうかべました。デンとダートはびっくりしました。はじめてゴードンがわらったのです。

「いやがってすまない。それにちょっとえらそうにしすぎたかもしれないな。お前らに蒸気機関車は直せないなんてさ。それなのにちゃんと直してくれた。今になってわかったよ。おれたちは同じ機関車なんだよな」

　ふたりがゴードンの言葉を不思議がっていると、

「こう言いたいんだ。どうもありがとう」とゴードンはてれくさそうに言いました。

　デンとダートはおどろきましたが、「ああ、気にするな」「いつでもここに遊びに来るでやんす。修理じゃなくてもかんげいでさぁ」と笑いました。

　ゴードンはデンとダートの言葉を聞いてとてもうれしい気持ちになりました。

第18シリーズ **「シマシマのゴードン」**

主題 偏見を持たないことの大切さ

ⓖ他者への向き合い方

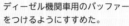

ディーゼル機関車用のバッファーをつけるようにすすめた。

メイビス

ダート
デン

「わがまま言わないの」

ソルティー

ダート

デン

メイビス

「バッファーがないまま走っちゃダメよ。危ないでしょ！」

「あっしらがおたくの古いバッファーを直している間、これを使うってことでやんす！」

「おい、バッファーがないじゃないか！ そりゃまずいぞ」

「準備万端だ」
「おたくのだ」

ゴードン

デンたちのもとへ戻りたくなかったが、メイビスは許してくれなかった。

ゴードン

「やっぱり思った通りだ。ディーゼル機関車におれたちは直せない！」

ゴードン

不満でいっぱいのまま、デンとダートのところへ引き返した。

ゴードン

まるでディーゼル機関車のような自分をだれにも見られたくなかった。

ゴードンのふりかえり

おれは勝手にディーゼル機関車には蒸気機関車は直せないとばかり思っていたんだ。でもちがった。彼らはちゃんと直してくれたんだ。シマシマのバッファーでも、役に立つ仕事ができたんだ。おれたちは同じ機関車なんだって気づいたよ。

ある日ゴードンはディーゼル整備工場にある貨車と衝突して、バッファーが壊れてしまった。しかし、蒸気機関車を直せるのは蒸気機関車だけだと思い込んでいたゴードンは「直してやるよ」というデンとダートの言葉を素直に受け止めなかった。

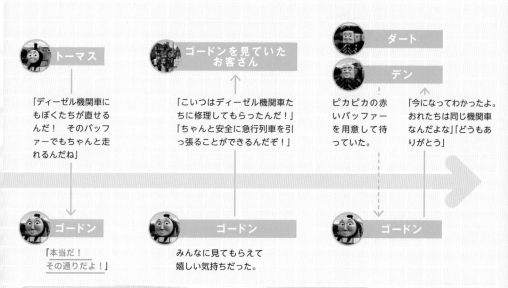

トーマス

「ディーゼル機関車にもぼくたちが直せるんだ！ そのバッファーでもちゃんと走れるんだね」

ゴードンを見ていた
お客さん

「こいつはディーゼル機関車たちに修理してもらったんだ！」「ちゃんと安全に急行列車を引っ張ることができるんだぞ！」

ダート

デン

ピカピカの赤いバッファーを用意して待っていた。

「今になってわかったよ。おれたちは同じ機関車なんだよな」「どうもありがとう」

ゴードン

「本当だ！
その通りだよ！」

ゴードン

みんなに見てもらえて嬉しい気持ちだった。

ゴードン

ゴードンは、「こうじゃないと自分じゃない」というような理想があったからこそ、シマシマのバッファーをはずかしいと思ったのだと思うけれど、理想よりも大切なもの、つまり「役に立つことの大切さ」に気づいたんだね。もし、ゴードンの気に入るバッファーだったとしても、走ることが出来なければどうだろう。おかれているじょうきょうで一番大事なことを見うしなわないことが大事なんだね。

トーマスの言葉

トーマスと仲間たちのかかわり

機関車たちは、毎日たくさんの仲間たちと⬚
これまでにどんなことがあったのか、エピ⬚

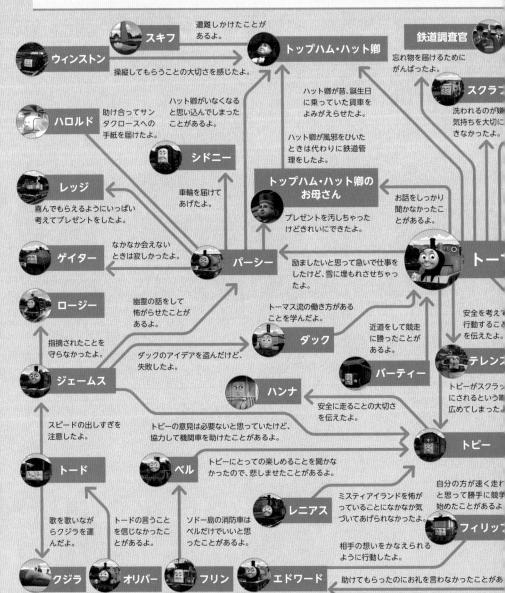

ウィンストン

スキフ

遭難しかけたことが
あるよ。

トップハム・ハット卿

操縦してもらうことの大切さを感じたよ。

鉄道調査官

忘れ物を届けるために
がんばったよ。

スクラ⬚

洗われるのが嫌⬚
気持ちを大切に⬚
きなかったよ。

ハロルド

助け合ってサン
タクロースへの
手紙を届けたよ。

ハット卿がいなくなる
と思い込んでしまった
ことがあるよ。

シドニー

ハット卿が昔、誕生日
に乗っていた貨車を
よみがえらせたよ。

ハット卿が風邪をひいた
ときは代わりに鉄道管
理をしたよ。

レッジ

喜んでもらえるようにいっぱい
考えてプレゼントをしたよ。

車輪を届けて
あげたよ。

**トップハム・ハット卿の
お母さん**

プレゼントを汚しちゃった
けどきれいにできたよ。

お話をしっかり
聞かなかったこ
とがあるよ。

ゲイター

なかなか会えない
ときは寂しかったよ。

パーシー

励ましたいと思って急いで仕事を
したけど、雪に埋もれさせちゃっ
たよ。

トー⬚

ロージー

幽霊の話をして
怖がらせたことが
あるよ。

トーマス流の働き方がある
ことを学んだよ。

近道をして競走
に勝ったことが
あるよ。

安全を考えて
行動すること
を伝えたよ。

ジェームス

指摘されたことを
守らなかったよ。

ダックのアイデアを盗んだけど、
失敗したよ。

ダック

バーティー

テレン⬚

トビーがスクラッ⬚
にされるという噂⬚
広めてしまった⬚

ハンナ

安全に走ることの大切さ
を伝えたよ。

トード

スピードの出しすぎを
注意したよ。

トビーの意見は必要ないと思っていたけど、
協力して機関車を助けたことがあるよ。

ベル

トビーにとっての楽しめることを聞かな
かったので、悲しませたことがあるよ。

トビー

レニアス

ミスティアイランドを怖が
っていることになかなか気
づいてあげられなかったよ。

自分の方が速く走れ⬚
と思って勝手に競争⬚
始めたことがあるよ⬚

フィリッ⬚

クジラ

歌を歌いなが
らクジラを運
んだよ。

オリバー

トードの言うこと
を信じなかったこ
とがあるよ。

フリン

ソドー島の消防車は
ベルだけでいいと思
ったことがあるよ。

エドワード

相手の想いをかなえられる
ように行動したよ。

助けてもらったのにお礼を言わなかったことがある⬚

ています。
〇一部分を図解で紹介します。

← 矢印は相手キャラクターに向けて、行動したり感じたことを表す。
── 実線は相手キャラクターと一緒に、行動したり感じたことを表す。

 デイジー

嘘をついて混乱させた
ことがあるよ。

見た目が違っても一緒にいると
楽しくなれる友だちだよ。

 ハーヴィー

 アニー、クララベル

いつもと違うことにも
良さがあると伝えたよ。

 ライアン

いつもの場所にいないから
探し回ったことがあるよ。

 ジュディ、
ジェローム

ふざけて走ったら時間に遅れて
迷惑をかけたことがあるよ。

 ヒロ

あきらめずに走り続けなくてはならないときもあると教えたよ。

 チャーリー

ばせようと一生懸命
レゼントを探したこと
あるよ。

 ビクター

雪が苦手でも、心
配で探しに行っ
たことがあるよ。

 ケビン

雪の良さを知
ってもらいたくて
雪だるまになりき
ったことがあるよ。

内緒でパーティーを開
こうと思って、混乱を
招いたことがあるよ。

一緒にいると優しさを出し
づらいと感じているよ。

 ハリー、
バート

 ヘンリー

ディーゼル

ぜいたくな機
関車だとからか
ったよ。

石炭を届けてヒーロー気分を
味わったよ。

協力して仕事をすること
の大切さに気づいたよ。

 パクストン

ーマスを持ち上げて
障したことがあるよ。

 クランキー

フックが絡まって動けな
くなったことがあるよ。

 カーリー

いたずらをした
のに助けてもらい、
何とも言えない
気持ちだったよ。

雪の歌を歌えば雪が降ることを証
明したいと思ったことがあるよ。

話をすることの大切さを伝えたよ。

 ソルティー

仕事を取られてしまうと焦ったことがあるよ。

 ポーター

 ゴードン

サムソン

間違えてゴードンの客車をひいてしまったことがあるよ。

勇気を出して
緊急事態を知
らせたよ。

一緒に特別な仕事をするのを
嫌だと思ったことがあるよ。

 ファーディナンド

ミスティアイランド

けんかをやめて
協力すること
を伝えたよ。

 ダグラス、ドナルド

スティーブン

 メイビス

作り話をして
元気づけたよ。

ダッシュ

バッシュ

元気づけようと石
切り場にお花を飾
ろうとしたよ。

鉄道の発展に
貢献した誇り
を感じている
よ。

何度も汽笛を鳴らしてくれるよう頼み
水を使いきらせてしまったよ。

 エミリー

ケイトリン

グリン コナー

故障したときに助け合ったことでお互いを
誇らしく思えたよ。

101

きかんしゃトーマス誕生秘話

　とあるイギリスの家族のお話。小さなクリストファーははしかにかかり、毎日が退屈でした。そんなクリストファーを喜ばせようと、お父さんはある汽車の話を思いつきました。

「ある朝早く、駅のむこうで小さな汽車たちが並んで待っている。操縦士が来て、レバーを引くと、ポー！　ポッポー！　シュッシュ、シュッシュ！さあ、僕たちのお通りだ！」

　クリストファーはこの話をとても気に入って、何度もお父さんに汽車のお話をせがみました。お父さんは紙とペンをとって、汽車の絵を描き始めました。すると、クリストファーは1台の悲しそうな汽車を指さして言いました。

「パパ、どうしてこの汽車は悲しそうにしているの？」

「この汽車は、もう古くて、長い間お出かけしていないんだ」

「名前はなに？」　「エドワードさ！」

こうして、エドワードが誕生しました。この後も、父と息子は次々に機関車たちに名前を付けていきます。笑顔の機関車はヘンリー、膨れっ面の機関車はゴードンです。ちなみに、ゴードンは近所のガキ大将と同じ名前でした。そして、ふたりは愉快な機関車たちのお話を、次から次へと作っていきました。

　ある日、クリストファーのお母さんが妙な事を言いました。

「この汽車の話はすごくいいと思うけど……何かしてみたら？」

この突然の会話をきっかけにして、ふたりは絵本の出版に挑戦します。しかし、そう簡単に進むものではありませんでした。時代は第二次世界

大戦直後。深刻な紙不足で本をつくるのは難しくなっていました。しかし、そんな状況でも児童書の出版に力を入れていたエドモンド・ウォード社は、この愉快な機関車たちのお話を出版することにしたのです。

　こうして、病気で退屈する息子を想う気持ちから生まれたトーマスたちは、絵本となって世界中の子どもたちのもとへと旅を始めました。

緑色のトーマス？

　ある日、エドワードがゴードンの丘から帰ってくると、聞きなれない声をした誰かがジェームスとおしゃべりをしていました。
「君はどこからやってきたんだい？」
「メインランドのブライトンだよ。優秀な機関車はみんなそこの出身なんだ！」

　エドワードの目に飛び込んできたのは、緑色の小さな機関車。この自信たっぷりの話し方！　ソドー島に初めてやってきたトーマスです。

　1915年、トーマスはソドー島に突然現れました。トップハム・ハット卿は、トーマスの背中にLBSCと書かれているのを見つけました。これはロンドン・ブライトン・アンド・サウスコースト鉄道のことだと、トップハム・ハット卿はすぐに気がついて、連絡しました。すると、1台の汽車が迷子になっていることがわかりました。汽車をソドー島からロンドンに送るのはとても大変です。

　そこでトップハム・ハット卿は、トーマスにソドー島の仲間になってもらうことにしました。はじめ緑色だったトーマスは、しばらくすると、トップハム・ハット卿の好きな青色に生まれ変わったのです。

文／名嘉眞静香

の説明

数字は図鑑の中でキャラクターを紹介する順番を示しています。カタカナ表記とアルファベット表記を楽しく覚えることもできます

大人にも刺さる各キャラクターの名言を紹介

各キャラクターのボディカラー

01 トーマス
THOMAS

優秀なタンク機関車はみんなここの出身なんだよ。ここに来られてすごくうれしいな！

〈トーマスのはじめて物語 長編〉

青色のボディをしたタンク式機関車。小さくてもはたらき者で、アニーとクララベルをひいている。仲間たちを大切にする性格で、動物にもやさしい。ヒロのためにプレゼントを一生懸命さがしたこともある。パーシーとは大親友。

各キャラクターの紹介文

形ではなく気持ちが大切という価値観もあること

[**とくべつなプレゼント**
（TV第13シリーズ）]

ヒロが日本からソドー島に手伝いにもどってきてくれる日のこと。トップハム・ハット卿は、ナップフォード駅でヒロのかんげいパーティーを開くことを提案し、トーマスに他の機関車たちを駅に集めるようたのんだ。しかしトーマスはヒロへのプレゼントさがしにむちゅうになり、みんなにパーティーのことをつたえるのをわすれてしまった。トーマスは急いで機関車たちをナップフォード駅に集める。トーマスがヒロにプレゼントを用意できなかったことをあやまると、ヒロはみんなが友だちでいてくれることが特別なプレゼントだと話した。トーマスは形のないものにも価値があることに気づいた。

106

各キャラクターが登場するストーリーの主題。これらの主題が非認知能力の視点を含んでいます。

各キャラクターが登場するストーリー。「このキャラクターだからこういうことを起こしてしまった」という上から下へのページの流れを親子ともに感じてもらえるように、可能な限り、キャラクターの紹介文とストーリーに関連性を持たせるように選定しています。

非認知能力につなげる

きかんしゃ
トーマスの図鑑

第13シリーズから第21シリーズ*までのアニメ
計204話を分析した結果、74のキャラクターが
お話の中心で活躍していることがわかりました。
ここでは、各キャラクターの紹介と、彼らが活
躍した非認知能力につなげられるようなお話、
その主題を紹介します。大人も楽しめる「名言」
も見どころです。

*名言については劇場版と
第22シリーズも含みます。

01 トーマス
THOMAS

優秀なタンク機関車はみんなここの出身なんだよ。ここに来られてすごくうれしいな！

（トーマスのはじめて物語／長編）

青色のボディをしたタンク式機関車。小さくてもはたらき者で、アニーとクララベルをひいている。仲間たちを大切にする性格で、動物にもやさしい。ヒロのためにプレゼントを一生懸命さがしたこともある。パーシーとは大親友。

形ではなく気持ちが大切という価値観もあること

とくべつなプレゼント（TV第13シリーズ）

ヒロが日本からソドー島に手伝いにもどってきてくれる日のこと。トップハム・ハット卿は、ナップフォード駅でヒロのかんげいパーティーを開くことを提案し、トーマスに他の機関車たちを駅に集めるようたのんだ。しかしトーマスはヒロへのプレゼントさがしにむちゅうになり、みんなにパーティーのことをつたえるのをわすれてしまった。トーマスは急いで機関車たちをナップフォード駅に集める。トーマスがヒロにプレゼントを用意できなかったことをあやまると、ヒロはみんなが友だちでいてくれることが特別なプレゼントだと話した。トーマスは形のないものにも価値があることに気づいた。

02 ヒロ
HIRO

礼儀正しく、やさしく
するんだ。そうすれば、
いつか君もわたしのような
鉄道の達人になれる。

（ヒロといたずらかしゃたち／17）

黒色のボディをしたテンダー式機関車。力が強く、礼儀正しく、やさしい機関車で、「鉄道のえいゆう」とよばれている。しずかな美しい場所でゆっくりすごすことが好き。いそがしいトップハム・ハット卿を心配したことも。

[**ヒロのだいかつやく**
（TV第13シリーズ）]

ある朝、トップハム・ハット卿はとてもいそがしそうにしていた。帽子もかぶらず、人にぶつかるトップハム・ハット卿の姿にヒロは心配な気持ちになった。そこで仕事を代わってあげたいと思ったヒロは、トップハム・ハット卿の代わりに機関車たちに指示を出すことにした。しかし、それが機関車たちの仕事をおくらせることになる。ヒロは鉄道にめいわくをかけてしまったことを反省し、自分ではなくトップハム・ハット卿に指示をもらうよう機関車たちに言って回る。その後、機関車たちはトップハム・ハット卿の指示ではたらいた。ヒロはいつものままで十分役に立っているとトップハム・ハット卿に言われ、今までで一番うれしい気持ちになった。

役割以上の仕事をしないこと

107

03 パーシー
PERCY

（ゲイターにあいたい／18）

ゲイターの事を考えると
幸せだよ。だって、色んな事を
教えてくれたんだもん。
どんなに遠くはなれていても
ゲイターは大切な友だちなんだ。

緑色のボディをしたタンク式機関車。こわがりなところもあるが、ゆうびん貨車をひく仕事にはほこりを持っている。ゴードンにあこがれて大きな音を出しながら走ろうとしたこともあるが、いつも通りの自分がよいと気づく。

いつも通りの自分で
よいということ

[パーシーはパーシー（TV 第14シリーズ）]

ある日、パーシーが声をかけてもトーマスとジェームスが線路をゆずってくれなかった。その横をゴードンが通ると、ソルティーは線路をゆずっていた。それを見たパーシーはゴードンにあこがれ、彼のようにどうどうとふるまうことを決意する。そうしてゴードンのように汽笛を鳴らして急行用線路を走り、ゴードンを脱線させてしまう。パーシーはやっぱりドジでのろまなパーシーのままだと落ち込んだ。しかしトップハム・ハット卿が「君はパーシーだからすばらしいんだ」と言うと、まわりの機関車たちもこれに賛同した。パーシーはいつも通りの自分のままでよいということに気づき、いつもの仕事にもどった。

04 ゲイター
GATOR

（ゲイターにあいたい／18）

勇気があるって事はね、こわがらない事じゃないんだよ。こわいと思っても最後までやりとげるのが、本当に勇気があるって事なんだ。

緑色のボディをしたタンク式機関車。本当の名前はジェラルド。みんなとは形がちがうことから、はじめてソドー島に来た時には「モンスター」だとおどろかれたが、トードだけはおどろかなかった。パーシーは大切な友だち。

[ゲイターとトード
（TV第18シリーズ）]

ある晩ゲイターは、故障したオリバーの代わりに夜明けまでに貨車を運ぶ仕事をたのまれた。ランプの調子が悪いゲイターに、ブレーキ車のトードは夜にランプなしで走るのは危険だと何度も言った。しかしゲイターは役に立つ仕事をしようとあせっていて、意見の合わないトードを切りはなして行ってしまう。しかし、じゃりの多い線路で危険な思いをして、トードの役割をあらためてにんしきした。トードの元へ戻ってあやまると、トードは2つあるランプのうち1つをゲイターにかすことを思いついた。そうしてゲイターは無事夜明けまでに貨車を運ぶことができ、とても感謝された。

相手の意見を聞き入れることの大切さ

109

05 ケビン
KEVIN

どうしようもなくなったら、無理しないで！このケビンになんでもまかせていいよ！アハハ！

（ドタバタせいびこうじょう／13）

黄色いボディをした小型のクレーン車。ソドー整備工場でビクターといっしょにはたらいている。あそびたい気持ちをおさえて役に立つ仕事ができたこともあるが、ビクターの言うことを守らず、雪にうもれてしまったこともある。

自分のことを思って行動してくれる仲間がいるということ

［ほっとするばしょ（TV第19シリーズ）］

ある日、雪が大好きなケビンは、雪が大きらいなビクターに代わってエミリーのパーツを取りに行くと申し出た。しかし、ビクターは小型のケビンが雪の中に出ていくのは危険だと言った。ケビンは言いつけを守らずに雪の中であそんでいたところ、整備工場の屋根から落ちてきた雪にうもれて動けなくなってしまった。ケビンの姿が見えなくなったビクターは、雪の中へケビンをさがしに出たが、その間に、ケビンはトーマスに見つけてもらうことができた。トーマスは、今度は大急ぎでビクターをさがしに行き、ケビンが無事であることをつたえて整備工場へもどった。ケビンは、ビクターが自分のために苦手な雪の中をさがしてくれたと知り、とてもうれしかった。

06 ビクター
VICTOR

めいわくだって？
こまっている仲間たちを
直すのがわたしの仕事だぞ。
力になれるのは
うれしい事さ。

（ピーター・サムのるすばん／16）

赤いボディのタンク式機関車。ソドー整備工場の責任者をしており、故障した機関車の修理や点検を行っている。雪が苦手だが、ケビンのことが心配でさがしに行ったこともある。ケビンは大切な相棒。

ビクターはおおいそがし
（TV第14シリーズ）

今日のソドー整備工場は、次から次へと修理の必要な機関車たちがやって来て大いそがしだった。そんな中ビクターはトップハム・ハット卿にほめられたこともあり、みんなにとって役に立つ機関車でいたいと思った。そのため時間がたりないのはわかっていたが、なおしてほしいという機関車たち全員にこたえようとした。しかし、そのせいで仕事をひとつも終わらせることができず、トップハム・ハット卿の信頼もうしなってしまった。ビクターはたくさんの仕事をいっぺんにはできないと反省し、機関車たちに順番を待ってもらって修理を終わらせた。ビクターは役に立つ機関車としての信頼を回復することができ、心がみたされた。

順番に対応をすることの大切さ

111

07 ゴードン
GORDON

青くて大きなボディをしたテンダー式機関車。乗客を運ぶ急行列車としてはたらいており、「急行列車のお通りだー！」が口癖。素直にお礼が言えなかったことから、トーマスとエドワードにこらしめられたこともある。

人にお礼を言うこと

[　**たよりになるエドワード**
（TV第18シリーズ）　]

ゴードンは自分より小さくてよく故障するエドワードを「たよりにならない」とからかっていた。そんなある日、ゴードンの丘で危険を知らせる赤いはたを見まちがえたゴードンは、スピードを落としたせいで丘をのぼれなくなってしまった。ゴードンはエドワードに助けてもらったのに「ありがとう」を言わなかった。その話を聞いたトーマスの作戦によって、次の日ゴードンはふたたび丘で立ち往生してしまう。通りかかったエドワードに知らんぷりをされそうになり、ゴードンはからかったことを反省した。ふたたびエドワードに助けてもらったゴードンは、ようやくエドワードに感謝をつたえた。

08 スペンサー
SPENCER

こりゃびっくりだな。貨車
1台を二人で引っぱるなんて
弱っちょろい証拠だ。
ぼくなら5台は運べる。

（劇場版 きかんしゃトーマス 伝説の英雄）

流線型のボディをしたボックスフォード公爵専用のテンダー式機関車。がんこでプライドの高い性格ゆえに、相手の話を十分に聞かずに問題が起きたこともある。特別な機関車であることにほこりを持っている。

ようこそスタフォード
（TV 第16シリーズ）

ある日スペンサーは、新しい仲間のスタフォードをつれてソドー島を案内する仕事をまかされた。スタフォードにはこまめな充電が必要なのだが、スペンサーはその説明を最後まで聞かずに出発してしまった。話を聞いてもらえなかったスタフォードは、とちゅうで電池が切れてしまう。スペンサーはそれに気づかないまま走ったので、だれにもスタフォードを紹介できなかった。スタフォードの元へもどると、今度はスペンサーが石炭切れで動けなくなってしまう。スタフォードにおされて帰ったスペンサーははずかしかった。一方で、スタフォードは役に立つ機関車だとソドー島にかんげいされた。

相手の話を聞くことの大切さ

113

09 ベル
BELLE

そんなことしている時間はないわ。火が広がってしまう前に早く消し止めないと！

（やくにたつしろいぼうし／20）

青色のボディをした大型のタンク式機関車。ソドーレスキューセンターではたらいており、そなえつけの放水銃からいきおいよく水を出して火事を消すのが仕事。かねがついている機関車同士、トビーとは仲のよい友だち。

相手の声に耳をかたむけることの大切さ

［ あたらしいなかまベル （TV第15シリーズ） ］

大きくて、いつも元気な消火機関車のベルがソドー島にやってきた。ベルは自分と同じようにかねを持っているトビーと友だちになろうとした。ベルは自分が好きなことを体験してもらおうと色々な場所へトビーを連れていくが、トビーはなかなか心を開いてくれない。そして、自分が好きなことをトビーもよろこんでくれるわけではないのだと反省した。その時、鳥のさえずりを耳にしたベルは、その美しさをトビーと分かち合うことができた。なかよくなったベルとトビーは、もう一度いっしょに走った。トビーが「ベルはぼくの友だちなんだ」とみんなに紹介するのを聞いて、幸せな気持ちだった。

10 フリン
FLYNN

ソドーレスキューセンターではたらく赤いボディをしたとくしゅ消防車。とても速く走ることができ、思いやりと、火事とたたかう勇気を持っている。線路と道路の両方を走れるが、道路を走ることをはずかしいと思っていた。

ゆうかんなヒーロー フリン
（TV第16シリーズ）

ひさしぶりに道路を走ったところフラフラしてしまい、それをチャーリーに見られてはずかしくなった。フリンはたよりない姿を見せたくなくて、緊急事態でも道路を走ることをためらった。そのけっか消火活動におくれ、こまっている仲間も見すてることになってしまった。フリンはおくびょう者の自分をせめたが、島の人々が自分をたよりにしていることに気づいた。そして道路をうまく走れない自分の姿は気にすることなく、消火と救助をやりとげた。ふたたびチャーリーにからかわれても、フリンはもう気にならなかった。

とくしゅ消防車のフリンは道路と線路の両方を走ることができる。しかし

かっこう悪くても、役に立つ仕事をすることの大切さ

115

11 ブッチ
BUTCH

（やまのむこうがわ／19）

仕方がない。事故ってのはいつ起こってもふしぎじゃない。だけど、ちゃんと前を見て進まないとダメだぞ！

黄色いボディをしたレッカー車。ソドーレスキューセンターではたらいており、事故を起こした車や貨車を引っぱって片づけたりするのが仕事。ロッキーが脱線したときはレスキューチームのみんなで力を合わせて助けた。

ロッキーきゅうしゅつさくせん（TV第19シリーズ）

ある日、ヘンリーが脱線し、トーマスがソドーレスキューセンターに助けをもとめに来た。レスキューチームのメンバーのみんなは自分が出動したいと名乗り出るが、救出にはロッキーだけで十分だった。ロッキーはヘンリーを助けることができたが、次は、帰り道でロッキーが脱線してしまった。トーマスによばれてレスキューメンバー全員がかけつけた。ロッキーは大型なので、助けるためには全員の力が必要だった。しかしみんなは自分ひとりでロッキーを助けようとバラバラにがんばるため、うまくいかない。ロッキーがそれぞれに役割を指示して、息をそろえてがんばることで救出はせいこうした。レスキューチームのメンバーは力を合わせることの大切さを学んだ。

力を合わせてがんばることで大変なことでもやりとげられるということ

116

12 ハロルド
HAROLD

世界で一番かっこいい
レスキューがなにか、
だれにだって
わかることだろう？
空からのレスキューさ！

（ロッキーきゅうしゅつさくせん／19）

ソドー島のパトロールや救助活動が仕事の白いヘリコプター。遭難しかけたスキフとトップハム・ハット卿を助けたことがある。はじめてパーシーに会った時はのろまで時代おくれと言ったが、その時の競争でパーシーに負けた。

[**サンタクロースへのてがみ**
（TV第20シリーズ）]

パーシーは、子どもたちからサンタクロースへの手紙を雪の中運ぶのに苦労していた。空をとぶことができるハロルドが手をかそうとしたが、パーシーは自分の力でやりとげたかった。駅でつみわすれたゆうびんぶくろをハロルドがとどけに来てくれたが、パーシーはスピードをからかわれているのだと思って走りつづけ、雪に衝突してしまう。代わりに手紙を運んだハロルドは、燃料切れで帰って来られなくなってしまった。今度はパーシーがハロルドのために燃料をとどけ、おたがいに役に立つ仕事をしていることに気づいた。そして子どもたちにクリスマスプレゼントをとどけるため、力を合わせて一生懸命はたらいた。

自分にできることをしておたがいを助けること

13 ジュディ JUDY / 14 ジェローム JEROME

ジェローム「大丈夫、大丈夫だよ」
ジュディ「ささえてるからね！」
（トーマスのはじめて物語／長編）

緑色のボディをした救助用クレーン車。故障したり脱線した機関車を救助するのが仕事。助けが必要であればいつでも救助できるよう準備をしている。元気のないデイジーをいっしょに励ましたこともある。

いつもいる場所にいることの大切さ

[ジュディとジェロームの
ぼうけん（TV第20シリーズ）]

ソドーレスキューセンターにロッキーが来てから、ジュディとジェロームは毎日操車場でたいくつな思いをしていた。それを知ったライアンたちは、ジュディとジェロームをソドー島のさまざまな場所へつれて行く。するとデイジーが脱線したという知らせが入った。ジュディとジェロームは救助に向かい、また役に立つ仕事ができてうれしかった。その夜、トップハム・ハット卿にいつもいる場所にいてくれないとこまると注意された。そこでこれまでの思いを伝えると、これからはアールズバーグの操車場で救助の待機をすることになった。ジュディとジェロームはとてもよろこび、助けを必要とされたらすぐに救助をしようと思った。

15 スキフ
SKIFF

ヒューゴはあの飛行船に見た目がそっくりじゃないか。きっと本気で挑戦すれば飛べると思うよ。

（ヒューゴとひこうせん／20）

船でありつつも車輪がついているため、水の上だけでなく線路も走ることができる。観光客に港を案内するのが仕事で、子どもたちからも愛されている。トップハム・ハット卿と遭難しかけたことがある。

スキフとにんぎょ
（TV第20シリーズ）

トップハム・ハット卿たちが「明日は人魚に会える」と話していたのを聞いたスキフは、とても楽しみにしていた。翌日、人魚らしき姿を見つけて興奮したスキフは、トップハム・ハット卿を乗せたまま海へ出てしまう。だが、結局人魚に会うことはできず、キャプテンとハロルドにそうさくされるじたいとなった。スキフは人魚に会いたいあまり走り出してしまったことを反省した。そもそも人魚とは「人魚のぞう」のことだとトップハム・ハット卿に明かされて、本物の人魚なんていないとわかったスキフは残念だった。しかしその夜、スキフはふたたび人魚らしき姿を見ることができ、とてもよろこんだ。

ひとつのことにとらわれて行動しないこと

119

16 トップハム・ハット卿
SIR TOPHAM HATT

わたしの鉄道の
機関車たちは、
どんな宝より
ずっと大切なんだ。

（映画 きかんしゃトーマス 探せ!! 謎の海賊船と失われた宝物）

機関車たちの仕事を管理するとても重要な仕事をしている。鉄道に混乱とおくれが生じると、機関車をきびしく怒ることもある。おっちょこちょいなところもあり、ウィンストンの運転やソリをあやつることは得意ではない。

あやつり方を知っておくことの大切さ

[**まっかなおはなのトーマス（TV第17シリーズ）**]

トップハム・ハット卿は、子どもたちのためにサンタクロースに変装してほしいとノランビー伯爵にたのまれた。さらにソリにも乗ってほしいと言われたが、ソリをあやつったことがなかったトップハム・ハット卿は、代わりにウィンストンをソリに見えるように変身させた。しかし当日は結局ソリに乗ることになり、あんのじょうトップハム・ハット卿はソリごと坂を下って行ってしまう。しかし、トーマスが追いついたおかげで城へ戻ることができた。トーマスの頭には、まるでトナカイのつののような枝がついていた。伯爵が赤い鼻をつけてまさしくトナカイのようになったトーマスとトップハム・ハット卿は、子どもたちのもとへ向かった。

17 ウィンストン
WINSTON

ブレーキがかかってないと、ぼくだけでも走って行けるんだな……！うわーい！楽しいなー！

（とまらないウィンストン／17）

赤色のボディをしたレール点検車。がまん強い性格で、トップハム・ハット卿の不慣れな運転にもたえている。だれにも運転されずに走りたいと思ったこともあるが、そのときはブレーキをかけられずにこわい思いをした。

とまらないウィンストン（TV第17シリーズ）

ウィンストンは、運転が上手ではないトップハム・ハット卿に手あらく運転されてもがまん強くしていた。しかし停車中にブレーキをかけわすれられることが多く、たまにひとりで自由に走ってみたいと思っていた。そんなある時、トップハム・ハット卿がまたブレーキをかけわすれたので、それを知らせずにひとりで走ることにした。自由に走ることは楽しくて、とても気分がよかったが、スピードが出すぎて止まれなくなってしまった。間一髪のところでガソリンが切れ、衝突をふせぐことができた。ウィンストンはだれかに運転してもらうことの大切さを知り、トップハム・ハット卿にまた運転してもらえることを幸せに思った。

制御してもらうことの大切さ

121

18 トップハム・ハット卿の お母さん
DOWAGER HATT

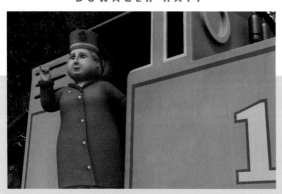

（トップハム・ハットきょうのおかあさん／21）

そんなひどいかぜを
ひいているときに仕事
なんてダメよ！
さ、今すぐ家に
もどりなさい！

トップハム・ハット卿のお母さん。ワクワクどきどきするぼうけんが大好きで、トーマスといっしょにミスティアイランドに行ったことがある。機関車の名前をよび間違えることが多い。わかいころは歌がうまかったらしい。

それぞれの役割を理解し、
尊重すること

[トップハム・ハットきょうの
おかあさん（TV第21シリーズ）]

ある日、ひどいかぜをひいてしまったトップハム・ハット卿に代わって、トップハム・ハット卿のお母さんが鉄道の運行管理をすると言い出した。トップハム・ハット卿は鉄道のことを何も知らないからとお母さんを止めるが、強引につれ帰されてしまう。トップハム・ハット卿のお母さんは機関車たちに指示を出したが、いつもとはちがう仕事をさせたことで混乱とおくれが生じてしまった。エミリーはトップハム・ハット卿のお母さんに、機関車にはそれぞれにぴったりの役割があって、できない仕事もあるとつたえた。鉄道の運行管理のむずかしさを知ったトップハム・ハット卿のお母さんは、エミリーと協力してみんなをいつもの仕事にもどした。

19 エミリー
EMILY

わたしたちで問題を解決できるかも！よろこんでお手伝いしますよ。

（トップハム・ハットきょうのおかあさん／21）

緑色のボディをしたテンダー式機関車。はじめてソドー島にきたときは、アニーとクララベルをひいて、トーマスをおこらせた。メイビスのためにお花を持って行ったり、トップハム・ハット卿がなくした帽子をとどけたことがある。

[パーティー機関車
エミリー（TV第16シリーズ）]

ソドー島の冬でイベントがひらかれる日のこと。イルミネーションでかざられ、子どもたちのためにプレゼントを運ぶ特別なパーティー機関車になりたいエミリーは、役に立つ自分を主張しようと風にとばされていったトップハム・ハット卿の帽子探しを手伝う。だが、自分が役に立つ機関車だということを周囲にアピールするあまり帽子を見つけられず、そのうちパーティー機関車はトーマスに決まってしまう。パーティー機関車に選ばれず、がっかりしていたエミリーだがトップハム・ハット卿の帽子を見つけたことで役に立つ機関車だと認められる。エミリーは「役に立つ」ということの意味を知ることが出来た。

役に立たなければ評価はされないということ

123

20 ケイトリン
CAITLIN

あなたのような
友だちがいてよかった。
助けてくれて
どうもありがとう。

（エミリーとケイトリン／19）

メインランドからソドー島への旅行客を運ぶ仕事をする赤色の大きな流線型蒸気機関車。とても明るい性格で、はじめてソドー島ですごす夜はうれしくてしずかにできなかった。エミリーとはおたがいを大切に思いあう友だち。

友だちを思う気持ち

[エミリーとケイトリン（TV第19シリーズ）]

ある日、ケイトリンは線路上で故障したエミリーと出会った。側線へおしてほしいとたのまれたが、ケイトリンは自分のボディは機関車をおせないと知っていたので、仕事を終えてからエミリーを整備工場までひいて運んだ。エミリーはケイトリンのようなスピードや流線型のボディをもっていない自分に落ちこんだ。しかし今度は、ブレーキが故障してこまっていたケイトリンをエミリーが助けた。ケイトリンはエミリーのもっているバッファーがうらやましいと言った。エミリーはケイトリンを助けた自分をほこらしく思うことができ、エミリーとケイトリンはおたがいの友情をたしかめ合った。

21 コナー
CONNOR

そうだよね。
ぼくならできる。
ぼくはできる。また
時間通り走ってやる！

（コナーがはやくはしらない／20）

メインランドからソドー島への旅行客を運ぶ仕事をする水色の大きな流線型蒸気機関車。とても速く走ることができるが、故障がこわくなって速く走らなくなったこともある。ケイトリンと競走することが好き。

[コナーがはやくはしらない]
（TV第20シリーズ）

コナーはいつも時間ぴったりに走ることができる。しかしある日急いで走っていると、とつぜん部品がこわれてしまった。すぐに修理してもらったが、故障知らずだったコナーは速く走ることでふたたび故障するのではないかと心配になった。そしてこれまでの「時間ぴったり」ではなく「安全第一」とつぶやきながら慎重に走り、時間におくれるようになってしまった。古い機関車のスティーブンは、こわれてもあきらめずに修理をくり返してはたらきつづけた機関車の話を聞かせた。今まで通りに走れると勇気づけられたコナーはためらいをすて、時間ぴったりに走る機関車にもどることができた。

ひとつのことにとらわれず、
自分らしく働くこと

125

22 サムソン
SAMSON

同じ失敗は二度とくり返さないってことを証明してみせよう。

（サムソンがおとどけ／18）

緑色のボディをした小型の蒸気機関車。普段はメインランドではたらいており、いつも自信たっぷり。初めてソドー島にやってきたときには迷子になったり、時間を節約しようと貨車の運び方を工夫したりしたこともある。

人からの指摘を素直に聞き入れること

サムソンがおとどけ（TV第18シリーズ）

サムソンは初めてソドー島へやって来たときに迷子になってしまい、ほかの機関車たちからかわれた。サムソンは同じ失敗はくり返さないと宣言した。その後、まちがってゴードンの客車を引いているのをスタンリーに指摘されても、素直に聞き入れなかった。失敗する機関車だと思われるのがいやだったからだ。そのまま出発したため、鉄道は混乱してしまった。サムソンがまちがいに気づいたのは、採石場に着いてからだった。サムソンはとてもはずかしかった。仕事をやり直しているうちに日がくれて、サムソンは迷子になった時と同じように採石場で夜をすごすことになった。

23 トード
TOAD

♪みずのーなかへともど
ろうねー。うみのーなか
ならうれーしー。
うみでーおよごう、ほら
スイスイスイッ!

（トードとクジラ／19）

オリバーといっしょにはたらくブレーキ車。いつも後ろ向きに走って景色を
ながめているが、前向きに走ってみたいと思ったこともある。歌が大好きで、
元気のないクジラをリラックスさせるために歌ってあげたこともある。

[トードとクジラ]
（TV 第19シリーズ）

ある日トードは浜辺にクジラがいる
のを見つける。しかしオリバーはそれ
を信じてくれず、落ちこんだ。トーマスは笑ったりしないと言って、クジラの
話を聞いてくれた。その後オリバーもクジラを見つけ、トードの話がうそでな
かったと知る。オリバーとトードは大急ぎでレスキューをよんだが、クジラの
救出はかんたんではなかった。オリバーはトードのアイデアに取り合ってくれ
なかったが、トーマスはよいアイデアだと思い、トップハム・ハット卿につた
えた。トードの計画通りにクジラは無事、海
へともどることができた。それからトードは
そのはまべを通るたびに、歌を歌ってクジラ
のことを思い出した。

自分を認めてもらえるよろこび

127

24 ダック
DUCK

（ダックのがっこう／22）

なんにでも2つのやり方がある。グレートウェスタン流とダメダメ流！

緑色のボディをしたタンク式機関車。本当の名前はモンタギュー。客車をひくことが主な仕事。まっすぐ速やかに仕事をするグレートウェスタン流にほこりを持っており、かつてはスリップ・コーチという客車をひいていた。

まっすぐ速く走る以外の仕事のやり方もあるということ

[**トーマスりゅうでいこう（TV第17シリーズ）**]

ある日、ダックとトーマスは故障したハロルドをソドーレスキューセンターまで運ぶことになった。ダックはより道をせずにハロルドを運ぶ「グレートウェスタン流」が大事だと考えていた。トーマスは地上からの景色をハロルドに見せてあげたくて、ダックにうそをついてより道をすることにした。しかし、そのせいで鉄道におくれが生じ、さらにせまいトンネルでハロルドにきずがついてしまった。トーマスは今度は「トーマス流」を提案する。それは近道ではないが、ハロルドが安全に通ることのできるルートだった。無事にハロルドを運び終え、ダックはまっすぐ速く走る以外のやり方があることを学んだ。

25 ジェームス
JAMES

ぼくはソドー島で一番かっこいい機関車になるぞ！

（ピンクのジェームス／13）

赤色のボディをしたテンダー式機関車。目立ちたがり屋で注目されることが好き。かつては黒いボディだったが、今はソドー島で一番真っ赤な機関車であることにほこりを持っている。客車をひく仕事以外にはやる気が出ない。

[みずにつかったダック]
（TV第18シリーズ）

機関車は客車だけをひくべきだと思っていた。ある日、線路の水たまりにはまったダックを助けるため、ロッキーをつれてくる仕事をまかされた。ジェームスは客車を引く仕事に早くもどりたくて、ロッキーの準備を待たずに走り出した。そのせいでロッキーのアームが大事な信号をたおしてしまった。信号がなくなった線路ではトラブルが続出した。なんとかダックを助けることができたが、ジェームスは自分が急いだことを深く反省した。ジェームスはおわびのしるしに、ダックの火室がかわくまで彼の貨車を運んであげた。

ジェームスは客車をひく仕事が一番のお気に入りだった。ぴっかぴかで立派な

いつも自分の好きな仕事ばかりできるのではないということ

26 トビー
TOBY

もちろん友だちになれるよフィリップ。同じものを好きじゃなくても、友だちになれる。

（トビーとフィリップ／20）

茶色い木でできたボディをした小さな路面機関車。ヘンリエッタをひいてお客さんを運ぶのが仕事。ソドー島で一番古い路面機関車で、頭がよく、やさしい性格。ナップフォードの分岐点や大きな音を出すことが苦手。

自分の好みとはちがっていても、必要があれば行動にうつすことの大切さ

[**トビーのあたらしいきてき**
（TV第13シリーズ）]

とてもよく晴れた日、機関車たちはみんな笑顔で楽しそうに走っていた。

しかしトビーはちがった。トビーは自身のベルがこわれて、代わりにものすごく大きな音のする汽笛をあてがわれたのだ。トビーは大きな音を出すことがいやだった。そのため、仕事中、汽笛を使うべき場面があっても汽笛を使わなかった。そこにトーマスが来て、牛とぶつかる危険があったため、使うことをためらっていた汽笛を使い、牛を守ることができた。また、ゴードンの通路に丸太があり、それも汽笛で知らせることで事故をふせぐことができた。自分の好みとはちがっていても必要があれば行動にうつすことの大切さをトビーは知った。

27 ハンナ
HANNAH

オープンデッキのついた黄色い車体の客車。「スピードハンナ」とよばれるほど速く走ることが好きだが、ジェームスといっしょにもうスピードで走ったことで、こわれたこともある。性格はにていないが、ヘンリエッタを姉に持つ。

［ ハンナははやいのがすき
（TV第21シリーズ） ］

トビーの客車のヘンリエッタは座席の交換のためにソドー整備工場に行くこととなり、代わりにハンナがやってきた。ゆっくりと安全に走ることが好きなトビーとはんたいに、ハンナは速く走ることが好きだった。ハンナにふりまわされていっしょに走るのがつらくなったトビーは、ハンナを側線においてきてしまった。ヘンリエッタにむかえに行くよう言われてトビーが側線にもどると、ハンナはジェームスと連結して猛スピードで走っていた。客車は速く走ってはだめだとトビーが注意したが、ついにハンナはこわれてしまった。ハンナは速く走ることは楽しいが、危険でもあることを知り、反省した。

安全に気をつけてはたらくこと

131

28 アニー ANNIE / 29 クララベル CLARABEL

トーマスといっしょにはたらくふたごの客車。アニーはお客さん、クララベルは荷物と車しょうさんも乗せることがある。客車であることにほこりを持っていることから、デイジーにいじわるをしてしまったこともある。トーマスのことが大好き。

クララベル「聞くのは恥ずかしいことじゃないのよ！」アニー「わたしたちが数字の読み方を教えてあげるわ」

（ニアとすうじ／22）

[デイジーとアニーとクララベル
（TV第20シリーズ）]

ある日、デイジーはトーマスの支線で乗客を運ぶことになった。デイジーは客車を引かずに乗客を運べることを自慢して、アニーとクララベルをつれて行かなかった。デイジーは乗客からの評判がよく、より多くの乗客を運べるようにアニーとクララベルを引くことになったが、彼女たちに素直にあやまれずにいた。アニーとクララベルは仕返しに、本当は問題がないデイジーに故障しているのではないかとうそを言って不安にさせた。そして、デイジーは乗客をおきざりにして整備工場にこもってしまった。トップハム・ハット卿に注意され、アニーとクララベルはデイジーに仕返ししたことを反省した。

自分勝手な気持ちを仕事に影響させないこと

30 バーティー
BERTIE

言ったただろ？　向こうがわにはすごく見事なたきがあって、いつも虹がかかってるんだ！きれいだぞー！

（やまのむこうがわ／19）

赤いボディをしたお客さんを運ぶことが仕事のバス。トーマスと競走することが大好きで、トーマスにはひみつで近道を通っていたこともある。道路を走ることができるため、線路のない山の向こうがわにも行くことができる。

それぞれに特性があるということ

[**しゃりんはいくつ**
（TV第19シリーズ）]

スペンサーはボックスフォード公爵夫妻をカレン城までつれていく仕事をまかされた。さいしょの停車駅ではトーマスとバーティーが車輪の数はいくつがベストかについて話していた。スペンサーは自分のように車輪が多い方がよいと話した。その後、スペンサーは故障して線路の上で止まってしまう。トーマスが役目を代わることになったが、線路に木がたおれていてトーマスも先に進めなくなってしまう。そこでバーティーが代わりに運ぶことになるがタイヤがパンクしてしまう。ついにはハロルドが夫妻をカレン城に送り届けた。ピンチをすくったのは車輪がひとつもないハロルドだった。

31 クランキー
CRANKY

みんなは一人のために！
一人はみんなのために！
（あたらしいクレーンのカーリー／21）

ブレンダムの港ではたらくクレーン。貨物船の荷物のつみ下ろしが仕事。口は悪いがやさしい気持ちを持っている。時には物事を大げさにとらえてしまうところもあり、夜も休まずはたらきつづけたことがある。

物事を大げさに考えないこと

[クランキーのさいなん（TV第21シリーズ）]

ある日クランキーは、さびた音が鳴るようになってしまった。まわりの機関車たちは「大きくて新しくてすごいクレーン」に交換されてしまうとからかった。まだはたらけることを証明したくて、クランキーは休まずにはたらきつづけた。しかしつかれて混乱とおくれを生じさせてしまう。クランキーはトップハム・ハット卿がつれてきた新しいクレーンのカーリーを見て、自分のはたらく場所がなくなってしまうと不安になった。しかし、トップハム・ハット卿はクランキーを心配していただけで、新しい仲間と協力してはたらくように言った。クランキーは、聞いた話を大げさにとらえてかんちがいをしてしまっていただけだった。

32 カーリー
CARLY

わたしが来たから
もう大丈夫！
わたしはカーリー！
すぐに港をもとの状態に
もどしましょう！

（クランキーのさいなん／21）

メインランドからやってきた黄色いクレーン。ブレンダムの港でつみ荷を上げ下ろしするのが仕事。はたらくことが大好きで、ブレンダムの港へ来たばかりのころはクランキーの仕事までやってしまった。早起きが得意。

あたらしいクレーンのカーリー（TV第21シリーズ）

カーリーは、メインランドからブレンダムの港へ元気よくやって来た。はたらき者のカーリーはひとりではりきりすぎるあまり、クランキーの仕事をうばってしまっていた。その様子を見たクランキーは新入りのカーリーに負けないよう素早くはたらくが、次第にふたりは競い合い、しまいにはクレーンのフックがからまってしまう。それをおたがいのせいにして言い争っていると、ソルティーが話し合って行動することの大切さを伝えた。ふたりは自分勝手な行動が仲間をじゃましていたことを反省した。そして、これからは話し合って、力を合わせてはたらこうと決めた。

話し合い、協力すること

33 ソルティー
SALTY

よかったなぁ、おまえさんたち！ 話をすれば解決だ、ハッハ！ 実に素晴らしいことじゃないか！

（あたらしいクレーンのカーリー／21）

ブレンダムの港ではたらくディーゼル機関車。貨車をひいたり、入れかえたりするのが仕事。海の近くにいることが大好きで、港ではたらけることを幸せに感じている。ソドー島の歴史にくわしく、みんなに話すこともある。

大好きな場所ではたらく幸せ

［ ソルティーはうみがすき（TV第17シリーズ）］

海が大好きなソルティーは、港ではたらけて幸せだった。かつて働いていた石切り場へもどされることをおそれて、調子が悪くても整備工場へ行こうとしない。しかしトップハム・ハット卿はソルティーが修理される間、ポーターを港によんだ。ソルティーはポーターが役に立つと自分の場所がなくなるようで不安だった。修理が終わると港へ急ぐあまり、オイルにまみれてしまう。あらうように言われてもそのまま走ったソルティーは、ブレーキがかからずポーターの助けをかりてしまった。トップハム・ハット卿におこられ、港をはなれる覚悟をしたソルティーだったが、引きつづきポーターと港ではたらけると知り、とてもうれしかった。

34ダッシュ DASH / 35バッシュ BASH / 36ファーディナンド FERDINAND

ミスティアイランドではたらく仲間。ふたごのダッシュとバッシュは、よく似ているが車体の色はちがう。ファーディナンドの口ぐせは「そのとおり！」。ソドー島の機関車とクリスマスパーティーを楽しんだことがある。

手伝ってくれてどうもありがとう。それに友だちでいてくれてありがとう。

（ミスティアイランドのパーティー／14）

［ ミスティアイランドの パーティー（TV第14シリーズ） ］

材木を運びに来たバッシュとダッシュ、ファーディナンドは、ソドー島のみんながクリスマスの準備を楽しそうにしているのを見た。ミスティアイランドでもクリスマスパーティーをしてみたいと思った。トーマスたちには手伝いはいらないと言って、見よう見まねでツリーやかざりを用意したところ、かざり付けされたオールド・ウィージーとヒーホーがあばれてパーティーを台なしにしてしまった。バッシュたちは落ちこみ、やり方を聞かなかったことを後悔した。手伝ってほしいとあらためてお願いすると、みんなはこころよく助けてくれた。無事にパーティーを開くことができて、バッシュたちはとてもよろこんだ。

友だちの力を借りることの大切さ

137

37 マイク
MIKE

赤くて小さなテンダー式機関車。イライラしておこりっぽいため、興奮して汽笛がこわれてしまったこともある。小さくても役に立つ機関車であることをほこりに思っている。乗客を乗せて走ることがあまり好きではない。

マイクのきてき（TV第20シリーズ）

冷静さを失わずに仕事をすること

マイクはイライラしておこりっぽい。ある日、汽笛の大事さについてレックスに話すうち、興奮して汽笛の安全弁をこわしてしまった。さらに好きではない客車を引く仕事をまかされたので、ふきげんになって所かまわず汽笛を鳴らして走った。そんな時、目の前に牛があらわれて線路をふさいでしまった。マイクがイライラして汽笛を何度もはげしく鳴らすと、汽笛のカバーがどこかへとんでいってしまった。汽笛に代わって乗客が口笛を吹いてくれたことでなんとか駅にたどり着いた。マイクは大事な汽笛を鳴らせない自分をはずかしく思い、冷静さをうしなった自分を後悔した。

38 レックス
REX

緑色の小さなテンダー式機関車。「楽勝！　楽勝！　なんてことないですよー！」というのが口ぐせの明るい性格だが、かんたんだと思っていた仕事で失敗したこともある。バートとマイクといっしょにソドー島へやってきた。

いいぞアールズデールてつどう
（TV第20シリーズ）

ある日、レックスは「まかせてください、きっとかんたんな仕事です！」と言って、羊毛を運ぶ仕事を引き受けた。順番に牧場を回って羊毛を集めていたレックスだったが、最後に、羊毛を積んでくれるはずのウィリーが線路の上に羊毛をばらまいてしまう。レックスはあわててブレーキをかけたが間に合わず、羊毛へとつっこみ、脱線してしまった。レックスは調子に乗っていたことを反省するが、レックスがスピードを落としたおかげで被害が小さくすみ、その後のバートとマイクの協力によって羊毛を運び終わることができたとミスター・ダンカンにほめられた。

気をぬかずに仕事をすること

139

39 バート
BERT

ぼく、本の中を走りたくはありませんよ。ここではたらくのがいいんです。

（バートのしかえし／20）

青くて小さなテンダー式機関車。マイクとレックスといっしょにアールズデール鉄道ではたらいている。どろ水をかけられた写真家に仕返しをしたり、にせ物の雪を降らせてデイジーにおこられたこともある。

他者を許すこと

バートのしかえし
（TV第20シリーズ）

ある日、アールズデール鉄道にふたりの男がやってきた。彼らは一日中機関車たちの写真をとっていた。明日はバートの写真を撮ってくれることになり、やさしく声をかけてくれるふたりをバートはよい人だと思った。しかし翌日あいさつをしても返してくれず、車でバートの横を走ったときにはどろ水をかけられてしまった。ふたりは写真をとることにむちゅうになっていて気づかなかったが、バートはいやな気分だった。バートは仕返しに、ふたりをずぶぬれにした。バートはしかられたが、ふたりがバートのところへあやまりに来たのでバートもあやまった。そしてどろだらけのバートをふたりがきれいにみがいてくれた。

40 ダンカン
DUNCAN

今日、おれはすごく大事なことを学んだぜ！これからおれは変わるんだ。今までとはちがう機関車になるぞ！

〈ダンカンとふきげんなおきゃくさん／18〉

黄色いボディをしたタンク式機関車。貨物やお客さんを運ぶのが仕事。冒険が好きで、カルディーどうくつはダンカンがぐうぜん発見した。文句ばかり言っていることから、仲間を暗い気分にさせてしまったことがある。

[**ダンカンはもんくばっかり**
（TV第18シリーズ）]

クリスマスがきらいでイライラしていたダンカンは文句ばかり言い、みんなの気持ちを台なしにしてしまっていた。しかしミスター・パーシバルから、今日一日明るくすごすことができたら冬用のペンキを一番にぬってやると言われる。ダンカンは明るくすごすように心がけた。ところが、車輪がすべって進めないルークに文句を言ってしまう。申し訳なさそうなルークの様子に、ルークをきずつけてしまったと気づいた。ルークを助けたもののダンカンは自分にがっかりした。しかしルークを助けたごほうびにペンキをぬってもらえることになった。よろこんだダンカンは、これからはなるべく明るくすごすようにすると言った。

文句を言うと人を傷つけてしまうということ

41 ピーター・サム
PETER SAM

一日じゅう留守番をするなんて、すごくワクワクするぞ！

（ピーター・サムのるすばん／16）

緑色のボディをしたタンク式機関車。ある冬の日にトンネルの中でえんとつを氷の柱にぶつけておれたときの応急処置から、独特なえんとつの形をしている。ビクターに迷惑をかけないよう修理の仕事をしたこともある。

臨機応変に対処する大切さ

［ ピーター・サムのるすばん （TV第16シリーズ）］

ある日、ピーター・サムはミスター・パーシバルの留守番で高山鉄道を監督することになった。修理にやって来るビクターはいそがしいので、修理以外では迷惑をかけないように言われた。ピーター・サムはビクターに迷惑をかけないために、故障した機関車たちを自分で修理するが、全く直らない。そのうち自分も、石炭がなくなり動けなくなってしまった。そして、ビクターに助けてもらうべきか判断するのが大事だったことに気がついた。ビクターをよんでもらい石炭を補給したピーター・サムは、他の機関車たちも直してほしいとビクターに頼み、無事に留守番を終えることができた。

42 レニアス
RHENEAS

（クリスマスツリーをさがせ！／16）

ああ、これものすごく立派なツリーだね。ありがとう！

赤いボディをしたタンク式機関車。旅客列車としてもはたらいており、学校の子どもたちを遠足につれて行ったこともある。クリスマスの時期にはミスティアイランドまでクリスマスツリーを取りに行き、仲間をよろこばせた。

クリスマスツリーをさがせ！
（TV第16シリーズ）

クリスマスの時期、レニアスは高山鉄道にもクリスマスツリーがほしいと思った。ミスティアイランドはツリーをさがすのにぴったりの場所だと聞き、トビーに案内をたのんだ。トビーは少しこわかったが、レニアスにせかされて目をつむって速く走った。そのため立派なツリーを何度も通りすぎてしまう。ついにトビーはこわくて走ることができなくなってしまった。トビーに無理をさせていたことに気づいたレニアスはあやまり、ゆっくり走れば最高のツリーを見つけられると言った。その後トビーはこわい思いをすることなく走り、レニアスはクリスマスツリーで高山鉄道の仲間をよろこばせることができた。

相手に寄り添い、理解して接することの大切さ

143

43 ルーク
LUKE

（劇場版 きかんしゃトーマス ブルーマウンテンの謎）

君からにげたりしてごめん。君を知らなかったからこわかったんだ。でも今は…その……ぼくの……友だちになってくれる？

緑色のボディをしたタンク式機関車。ブルーマウンテンの採石場で貨車をひいたり入れかえたりするのが仕事。みんなに見つからないようかくれていたこともある。ミリーとは友だちで、仕事を交換したこともある。

自分の仕事場のよさに気づくこと

ルークとミリー
（TV第17シリーズ）

高山鉄道ではたらくミリーは、ウルフステッド城での仕事が大好きだった。同じく高山鉄道ではたらくルークもまた、ブルーマウンテンの採石場での仕事が大好きだった。ある日、ウルフステッド城へと向かったルークはミリーと知り合い、おたがいの仕事を知るために仕事を1日交換することにした。景色や引く貨車の違いに戸惑いつつも、ルークとミリーはそれぞれの仕事で大事にしなければいけないことがあると気づく。無事に仕事を終え再会したルークとミリーは、交換した仕事も楽しむことができたが、やっぱり自分の仕事場がよいことをかくにんし、新しい友だちができたことをよろこびながらそれぞれの場所へ帰っていった。

仕事がふえたときは、わたしたちいつも助け合っているの！

（ミリーをさがせ！／21）

青色のボディをしたタンク式機関車。ウルフステッド城で管理人のお手伝いをしたり、観光客の案内をするのが仕事。「たよりにならない」と言われて仕返しをしたことがある。最初はちょっとだけトンネルが苦手だった。

［ ミリーときょうりゅうパーク（TV第18シリーズ）］

きょうりゅうパークの建設現場で、ミリーは本物そっくりのきょうりゅうの模型におどろいた。サムソンとハーヴィーは、ミリーをこわがりで頼りにならないとからかう。はらを立てたミリーは、火山の模型の後ろでたき火をして、本物の火山が噴火しているかのように見せ、サムソンとハーヴィーをこわがらせた。ノランビー伯爵は、ミリーがサムソンたちをからかったことにおこっていた。仕返しはよくないこと、そして何を言われても立派な機関車であることに自信をもつよう言われてミリーはうれしかった。そして、本物のようなきょうりゅうや火山でできたきょうりゅうパークは完成した。

何を言われても自分に自信をもち続けること

45 スティーブン
STEPHEN

その気にさせるにはよくできた作り話が必要な時もあるんだよ。確かに効き目があっただろ？

（コナーがはやくはしらない／20）

黄色いボディをしたノランビー伯爵専用のテンダー式機関車。とても古くから活躍しており、当時はその速さから「ロケット」とよばれていたが、今ではもっと速い機関車がいる。

勇気を出して事故をふせぐこと

[**のろのろスティーブン**
（TV第19シリーズ）]

スティーブンはかつてそのスピードから「ロケット」とよばれていたが、今ではソドー島で一番おそい機関車だった。ある時、ゴードンにいや味を言われて追いぬかれたあと、つり橋でへんな音がしているのに気づいた。走るのが速い仲間に聞くと、自分のピストンの音しか聞こえないという。しかしふたたび橋をわたると、橋は部品が落ちてこわれかけていた。急いでも助けをよぶのには限界があったため、トーマスに線路をふさいでもらった。そしてトーマスよりも軽い自分が慎重に橋をわたり、走ってくるゴードンに危険を知らせた。勇気を出して大事故をふせいだスティーブンは、さらに人気者になった。

46 グリン
GLYNN

わたしの名前はグリンだ。
グリンだ。
だれからもわすれられて
しまったんだよ……。
あっちこっち、いろんな
ところに運ばれて、そのうち

（コーヒーポットきかんしゃグリン／20）

長い間わすれられていた赤いタンク式機関車。マリオンに見つけてもらった時は「しゃべるクリスマスツリー」だとかんちがいされたが、昔、トーマスの支線で役に立つ仕事をしていた。コーヒーポット機関車ともよばれている。

［グリンとスティーブンのレース（TV第20シリーズ）］

グリンがやってくるまで、スティーブンはお城の王様のような気分だった。ただ、今では伯爵がグリンを気に入っていると思い、つらい気持ちだった。そこで、かつて「ロケット」とよばれていたスティーブンはグリンにスピード対決をいどむ。グリンはスティーブンに挑発されてレースを始めるが、2台とも、他の機関車よりもスピードが出ないことから、ゴードンとジェームスに馬鹿にされてしまう。また本線でレースをしていたことも、トップハム・ハット卿からおこられることになった。しかしグリンとスティーブンは、「鉄道があるおかげで世界がひろがったことを、もっと感謝すべきだね」と話し合う中で意気投合していった。

今自分たちにできる役割をはたすことの大切さ

147

47 フィリップ
PHILLIP

みんな知ってる通り
ぼくちゃんは68番！
その番号が
大好きなんだ！

（フィリップは68ばん／18）

黄色と緑色をした箱形のディーゼル機関車。やんちゃな性格で、いかに自分が速く走れるかをゴードンに見せたがったことも。車体番号は68番で、その理由ははっきりとはわからないが、助けた羊の数だと思うことにしている。

[**やんちゃなフィリップ**
（TV第19シリーズ）]

ソドー島に新しくやってきたフィリップは急行列車のゴードンに速く走れるところを見せたかった。ゴードンは相手にせず、じゃまをしないように言った。しかしフィリップはゴードンに会えることにわくわくして、仕事中に何度も駅に来ているのをトップハム・ハット卿に見つかっていた。さらに信号や分岐点に注意しないで走ったせいで事故を起こしかけてしまう。トップハム・ハット卿は、なれていない場所では安全第一で規則を守るよう注意をした。これからは気をつけると約束したフィリップだったが、その後ゴードンの話を聞かずに勝手に競走を始めた。ひとりで港まで走り、ゴードンに勝ったとよろこんだ。

知らない場所では安全第一で規則を守ること

48 エドワード
EDWARD

これからも今までと
同じように会えるさ。
いつだってね。

（エドワードのやすむばしょ／21）

青色のボディをしたテンダー式機関車。親切で面白く、やさしい性格でいつもみんなとなかよし。ソルティーへのプレゼントを一生懸命さがしたり、ねむたいのにフィリップとのおしゃべりに一晩中つき合ったことも。

[**ソルティーへのプレゼント**
（TV第16シリーズ）]

ある日、エドワードはトーマスとソルティーとクリスマスプレゼントの話をしていた。エドワードはソルティーに何がほしいかと聞くとソルティーは話のタネがあれば十分と答えた。これを聞いたエドワードは、本当はソルティーも何かほしいプレゼントがあるはずだと色々なプレゼントをソルティーに贈ろうとする。しかし、ソルティーに受け取ってもらえず落ちこんでしまう。ソルティーはすでにエドワードから"話のタネ"というプレゼントをもらったと話した。エドワードは、プレゼントは形のあるものだと思っていたが、形のないものもプレゼントになることに気づいた。

プレゼントは形のあるものばかりとはかぎらないということ

49 ヘンリー
HENRY

心配ないよ、ヒロ。走りつづけろと教えてくれた。だから今度はぼくががんばる番だ！

（ヘンリーとヒロ／17）

緑色のボディのテンダー式機関車。特別な石炭ではしる。魚をつんだフライング・キッパーを引くことがある。雨が苦手で、かつてトンネルに閉じこもったこともあった。チャーリーのおかげで雪のよさに気づいた。

おしゃべりゆきだるま
（TV第16シリーズ）

雪が降ったソドー島、チャーリーは雪景色に大はしゃぎだった。しかし、ヘンリーは雪が好きではなかった。線路が滑って危ないからだ。チャーリーはヘンリーに雪の楽しさを教えてあげようと、しゃべるゆきだるまをよそおいヘンリーを笑わせようとしたが、ヘンリーはかえって混乱してしまった。チャーリーはヘンリーを混乱させてしまったことをあやまり、仕事を手伝うことになった。ヘンリーはチャーリーといっしょに安全に注意しながら仕事をすることで、雪のよさに気づいていく。さいごにヘンリーはチャーリーの冗談を聞いた。「ゆきだるまは、どうやっておしゃれをすると思う？　答えはゆきげしょうさ！」

雪は危ないだけでなく楽しむこともできるということ

150

50 チャーリー
CHARLIE

（あとにしてチャーリー／17）

全身灰色でとっても
こわい生き物って
なーんだ？
ゾウさんだよ！
こわくてゾウっとする。

むらさき色のボディをした小型のタンク式機関車。操車場で貨車の入れかえをするのが仕事。とても陽気な性格で、みんなを冗談で笑わせているが、いつも冗談を言っているためにいざというときに信じてもらえなかったこともある。

[**あとにしてチャーリー**
（TV 第17シリーズ）]

みんなに冗談を言って笑わせるのが好きなチャーリーは、ある日、線路上で本物のゾウがいるのを見つけた。他の機関車たちに話しても、みんないつもの冗談だと思って「あとにしてチャーリー」と走って行ってしまう。話を信じてもらえず、チャーリーは悲しかった。しかし動物園のおりがこわれていて本当にゾウが脱走したことがわかったチャーリーは、ハロルドに助けをもとめた。話を聞いたハロルドはいっしょにゾウをさがしてくれて、無事にゾウをつれもどすことができた。チャーリーは自分を信じてもらうためにもう冗談は言うまいと思ったが、やはりいつものように、また冗談を言い始めるのだった。

冗談ばかり言っていると本当のことを言っても、信じてもらえなくなるということ

151

51 ビル BILL / 52 ベン BEN

いたずら好きなふたごのタンク式機関車。ビルとベンはとてもよく似ていて、それを利用したいたずらをしたときは区別がつくように色をぬりかえられた。いたずらをして動けなくなったところを助けてくれたティモシーには、あやまることができた。

ビル「よーし、あの生意気なスピード自慢をちょっとこらしめてやろう、ベン」 ベン「それはいい考えだね、ビル。ウフフフフ」

（ビルかな？ ベンかな？／17）

せきたんがないビルとベン
（TV第18シリーズ）

ビルとベンは、港からクレイ・ピッツへ部品と石炭を運ぶことになっていた。しかし、いつものようにからかいあって競走を始めてしまい、ベンが石炭を運ばなかった。マリオンとティモシーは石炭がなくなると困ると忠告したが、ビルとベンはそれを聞かずに遊んでいた。さらにティモシーをつまらないやつだとからかって悲しませた。そうしているうちに石炭ホッパーは空っぽになり、ビルとベンは動けなくなってしまう。結局、ティモシーにたのんで石炭を取りに行ってもらうことになった。ビルとベンはふざけたこととティモシーをからかったことをあやまった。そして、ティモシーを役に立つ機関車だとほめた。

ふざけるのではなく、自分と仲間に必要なことを考えること

53 ティモシー
TIMOTHY

（もどってきてティモシー／19）

お礼なんてしなくていいよ。こまったときは助けるのが当たり前だ！

クレイ・ピッツではたらく重油燃焼式の機関車。ビルとベンにはよくからかわれているが、いっしょにはたらく仲間でもある。役立たずと言われたことも。虹色の貨車を探させられたときはゴミの貨車をビルとベンに運んで行った。

［ もどってきてティモシー （TV第19シリーズ） ］

はたらき者の機関車ティモシーは、仕事をしないビルとベンといっしょにはたらくのがいやだった。ビルとベンが、ティモシーは役立たずなので港ではたらくのがよいとトップハム・ハット卿に提案したことでティモシーは港へ行くことになった。しかし、ティモシーのいないクレイ・ピッツでは、マリオンがまじめに仕事をしないビルとベンにこまっていた。ビルとベンはティモシーがいないせいだと、またいじわるを言っていた。ティモシーは港からもどると、トップハム・ハット卿におこられているビルとベンに、協力すればすぐにかたづくと言った。ティモシーに賛同したビルとベンは力をあわせて、クレイ・ピッツをもと通りにきれいにした。

ひとりでがんばらずにみんなで助け合うことの大切さ

153

54 マリオン
MARION

ばかなこと
言わないの！
自分にほこりを
持って！

（エミリーとケイトリン／19）

オレンジ色のボディをしたショベル機関車。土をほることと、これまでにほり当てたものについて話すことが大好き。海ぞくのたから箱をほり当てたことも。ビルとベンといっしょにショベルの中身を当てるあそびを楽しんでいる。

マリオンときょうりゅう
（TV 第18シリーズ）

マリオンは自分がほりあてたものについて話すのが大好きで、昔きょうりゅうのほねをほり出したことを自慢していた。その夜マリオンは、絶滅したはずのきょうりゅうの姿を見た。悪い夢を見たのだと思っていたが、また次の夜もきょうりゅうを見て、あわててウルフステッド城までにげた。マリオンが見たのは実際は大きなきょうりゅうのもけいで、ノランビー伯爵がきょうりゅうの本当の姿をみんなに見てもらうために用意したものだった。マリオンは伯爵に、本物の化石を発見する時にはたよりにしていると言われて元気を取りもどし、その時に活躍できることを楽しみに思った。

常識では起こりえないことが起こるかもしれないということ

55 デン DEN ／ 56 ダート DART

デンはディーゼル整備工場ではたらくベテランの大型ディーゼル機関車。ダートはディーゼル整備工場でデンといっしょにはたらく小型のディーゼル機関車。ダートはデンの気持ちを汲み取ることができ、デンとダートはいっしょにはたらくことに幸せを感じている。

デンとダートはいいコンビ（TV第19シリーズ）

デンとダートは仲のよいコンビだった。ある日メイビスが故障して整備工場へ来ると、代わりにはたらく機関車が必要になった。そこでトップハム・ハット卿はデンを指名した。ダートもいっしょに行こうとするが、デンだけでよいと言われる。そして、デンとダートは別々の場所ではたらくことになったが、あまり元気が出ない。しかし、デンはトビにはげまされ、ダートはメイビスにはげまされ、早くおたがいがいっしょにはたらけるように今の仕事をがんばることにした。それぞれ無事に仕事を終えたが、デンとダートはやっぱりいっしょに仕事をするのがよいとおたがいに思った。

コンビではたらくことの幸せ

57 ディーゼル
DIESEL

みんなおれにやさしくないのに、なんでおれはやさしくしなきゃならないんだ。何でもかんでもおれのせいにして！

（ディーゼルのはんせい／20）

黒いボディのディーゼル機関車。貨車の入れかえが仕事。乱暴で意地悪な性格をしており、パクストンにもこれまでにひどいことをした。実はやさしくておだやかなところもあり、カモのことをとてもかわいがっている。

友だちに素直に接すること

[きえたディーゼルきかんしゃ
たち（TV 第18シリーズ）]

ソドー島の中で、ディーゼル機関車はあまり人気がなかった。それでも、心のやさしいパクストンには、たくさんの友だちがいた。ある日ディーゼルはパクストンをおどろかせようと、仲間をけしかけて姿をかくすことにした。だれもいないディーゼル整備工場を見たパクストンは、みんなに何かあったのではとあわててしまう。その様子に仲間は反省するが、ディーゼルだけはこりずに次のかくれ場所をさがしに出かけ、そこで燃料切れとなり、立ち往生してしまった。そこへパクストンが居合わせ、「友達だから」と当然のように助ける。ディーゼルはやさしいパクストンにいたたまれなくなり、めずらしく笑顔で感謝の気持ちを伝えた。

58 メイビス
MAVIS

早く仕事に
もどりたくて
仕方ないわ！

（テンとダートはいいコンビ／19）

ファーカーの石切り場ではたらくディーゼル機関車。いたずら貨車たちに石を積みこみ、入れかえる仕事をしている。石切り場から出て、海を見てみたいと思い、トーマスに仕事を代わってもらったこともある。

［ いしきりばのトーマス
（TV第18シリーズ）］

メイビスは石切り場にずっといるので、ソドー島を走り回れるトーマスたちがうらやましかった。そこでトーマスと仕事を交換し、メイビスはディーゼルと港で仕事をした。満足したメイビスだったが、ディーゼルにだまされてつれまわされてしまう。その間、トーマスは自分だけで仕事をしてみせようとして、事故をおこしていた。メイビスはトーマスの行動におどろいた。トップハム・ハット卿は、メイビスが持ち場をはなれたためにひとりにされたトーマスに同情した。メイビスはほんらいの仕事場である石切り場にもどされたが、トップハム・ハット卿の考えでときどき港へ貨車を運ぶことができるようになった。

自分の持ち場を
はなれないことの大切さ

59 パクストン
PAXTON

おー！そりゃ謎ですね！ぼく、謎が大好きなんです！なんだか特別捜査官みたいじゃないですか！

（ぶひんのなぞをさぐれ！／22）

緑色のボディをしたディーゼル機関車。心やさしい性格で、友だちもたくさんいる。ディーゼルとはなかなか友だちになれなかったが、いたずらをされても、親切にした。でこぼこの線路を走る時にする音が好き。

言われた注意を守ることの大切さ

きえたシュッ・シュッ
（TV第17シリーズ）

パクストンはトップハム・ハット卿から、走る時に注意が必要な線路があると聞いた。言われた通りその場所でスピードを落とすと、車体がガタガタゆれた。予想外にそれが面白かったので、何度もそこを通ってあそんだ。トーマスもいっしょになってあそんでいると、トビーとぶつかってずぶぬれになってしまった。その時に「シュッ・シュッ」をなくしたらしいと聞いたパクストンは申しわけなく思い、あちこちを走り回った。しかし本当は、トーマスは火室がぬれて蒸気を起こせなくなっただけだった。パクストンは蒸気機関車のしくみを知るとともに、トップハム・ハット卿の注意は守らなければならないと学んだのだった。

60 シドニー
SIDNEY

青いボディをしたディーゼル機関車。貨物列車をひくことが仕事。とても真面目だがわすれっぽい性格のため、たのまれた仕事を歌にしてわすれないようにした。ディーゼルの行きすぎたあそびは素直に楽しめないことも。

うたうシドニー
（TV第20シリーズ）

シドニーはとてもわすれっぽく、よく仕事をまちがえておこられていた。ある日、パーシーの新しい車輪を運ぶ大事な仕事をたのまれた。しかし、シドニーは自分のわすれっぽい性格でパーシーをがっかりさせてしまうのではと心配になった。するとトーマスが、大事な仕事を歌詞にして歌いながら走ることを提案する。その通りにしたシドニーだったが、途中で歌詞をわすれ、大事な仕事がわからなくなってしまった。シドニーは大事な仕事をさがし回り、夕方にはパーシーに車輪をとどけることができた。あいかわらずわすれっぽいシドニーだったが、「まさかわすれるわけないじゃないか」と言ってパーシーと笑いあった。

失敗しないようにくふうすること

61 ハーヴィー
HARVEY

赤色のボディをしたクレーン機関車。ボイラーの上にクレーンがついているため、重い荷物を持ち上げることができる。陽気な性格だが、さわがれたり注目されたりするのは苦手で、貨車を引くこともあまり自信がない。

クレーン機関車は2つの役割をこなすことができること

[クレーンきかんしゃハーヴィー]
（TV第17シリーズ）

ハーヴィーはクレーンでもあり機関車でもあるため、現場まで自分で走って物を持ち上げることができる。この日はみんながいそがしいため、めずらしく重い貨車を引く仕事をまかされた。ハーヴィーはあまり自信がなかった。そうしてゴードンの丘をやっとの思いで登り切ったが、下った時にスピードが出すぎて貨車が脱線してしまった。ハーヴィーは落ちこんだが、フックを使えば自力で立て直せることを思いついた。無事にふたたび出発すると、次の坂ではブレーキをかけながら下ることで脱線せずに貨車を引くことができた。トップハム・ハット卿からも役に立つ機関車だとほめられ、ふたつのことができる自分に自信をもった。

62 レッジ
REG

いつもビックリするものがすてられるんだよ。ほら、この自転車だってちょっとサビついてるだけで、まだまだ乗れると思うよ。

（こわれたスピーカー／21）

スクラップ置き場ではたらく黄色いボディのクレーン。いつも楽しくはたらいていて、歌を歌うことも好きだが、にぎやかさに迷惑している人もいる。古くても、使えそうなものはスクラップにしない。ものを大切にする性格。

［ こわれたスピーカー（TV第21シリーズ）］

トップハム・ハット卿は、最先端のスピーカーを使いたいという理由から駅のアナウンス用のスピーカーを交換した。エドワードは使わなくなったスピーカーをレッジのもとへとどけると、レッジはそのスピーカーを自分で使うことにした。駅では、最先端のスピーカーは調子が悪く、ひどいアナウンスのせいでソドー鉄道に混乱と遅れが生じていた。エドワードはレッジの使っている古いスピーカーに交換することを思いつき、古いスピーカーを取りに行く。スピーカーをもとにもどしたことで、いつものアナウンスにもどった。みんなは物を大切にするレッジに感謝した。

物を大切に使うこと

63 スタフォード
STAFFORD

（しずかなスタフォード／17）

ぼくは自分が蓄電池機関車だってわかってる。だけどぼくも、君たちみたいに音を出して走りたいんだ……。

茶色いボディをした蓄電池機関車。電池の充電をしなければ走れないことから、長い間走り続けることには向いていない。蒸気機関車のように蒸気をふき上げる音は出せないが、しずかに走れることを誇りに感じている。

自分の特性を理解すること

しずかなスタフォード（TV第17シリーズ）

ある日スタフォードは、トーマスのようにシュッシュッという音が出ないことを子どもたちに変だと言われて悲しい気持ちになった。音を出して走りたかったスタフォードは、トーマスたちのまねをして蒸気機関車になりきった。すると、みんなによろこばれてうれしくなった。そんな中スタフォードにしかできない仕事があるとトップハム・ハット卿にたのまれて、マッコールさんのところに向かう。しかし、スタフォードが蒸気機関車のように大きな音を出すと、羊たちはおどろいてにげてしまった。しずかな自分だからこそできる仕事もあることを知り、スタフォードは蓄電池機関車であることをほこらしく感じた。

64 ヒューゴ
HUGO

ぼくはきっと飛べるはず。
とにかく
本気で挑戦
しなくっちゃ!

（ヒューゴとひこうせん／20）

ツェッペリン型のディーゼル機関車。流線型のボディにはプロペラがついている。ソドー島にはじめて来たときには、プロペラをいやがられたが、歓迎パーティーで機関車たちと打ち解けた。地上では一番速く走ることができる。

[**ヒューゴとひこうせん**
（TV第20シリーズ）]

ヒューゴはプロペラのある機関車で、世界一、速く走ることができる。日頃から安全にも気を配っていた。ある日、ヒューゴそっくりの飛行船が空を飛んでいるのを見た機関車たちは、ヒューゴが空を飛んでいたと勘違いをする。それを聞いたヒューゴは、飛行船とそっくりであればきっと空を飛べるはずだと思い、何席も空を飛ぶ練習をした。しかし空をとぶ練習に熱中するあまり、プロペラを回したまま駅のホームに入り、強風でまわりに迷惑をかけてしまう。トップハム・ハット卿からは、地上で一番速い乗り物である自分ができることに誇りを持つことが大切だと言われ、ヒューゴもその通りだと笑顔になった。

自分ができることに誇りを持つこと

65 マックス MAX / 66 モンティ MONTY

マックス「今おれが考えていること、お前ならわかるよな？」モンティ「後に着いた方がかたづけをするんだぞ！」

（マックスとモンティはらんぼうもの／20）

土砂を運ぶのが仕事のふたごのダンプカー。おたがいが思っていることは言葉にしなくとも通じ合っている。トーマスといっしょに競走することが好きだが、トーマスはマックスとモンティが乱暴すぎるところがあることに困っている。

めんどうくさがらずに安全に仕事をすること

[マックスとモンティはらんぼうもの（TV第20シリーズ）]

マックスとモンティはトーマスと競走することが大好きだ。ただ、トーマスは彼らがたまにやりすぎてしまうところを気にしていた。ある時、モンティが乱暴に走ったため、オリバーを故障させてしまった。オリバーが修理される間、マックスとモンティはゴミを集積場まで運ぶことをまかされた。しかし時間をかけずに役に立つ仕事をしようと、橋の下にゴミを落とすことにする。しかし橋の下はなんとトーマスの支線だった。トーマスはゴミの山にぶつかって脱線してしまう。ひどくしかられたマックスとモンティだったが、またすぐに競走をしながらはしっていった。

67 テレンス
TERENCE

いいかい、ちゃんと考えて行動するんだ。だって、安全が一番だからね！

（ゆきにつよいテレンス／21）

ボディがオレンジ色のトラクター。畑をたがやしたり、ばっさいした木を運ぶのが仕事。走行用ベルトのおかげで線路がなくても自由自在に走れることに自信を持っていたが、トーマスにはからかわれたことがあった。

ゆきにつよいテレンス（TV第21シリーズ）

クリスマスが近づくソドー島では、線路がとてもすべりやすくなっていた。雪が積もり、池はこおっていたからだ。しかしテレンスは、他の機関車とはちがい、氷の上を走れることに自信を持っていた。ある日テレンスは、トーマスにたのまれ、池の反対がわにある大きな木をとりに行くことにした。トーマスには氷がわれるかもしれないから池の上は通らないほうが良いと言われたが、テレンスには自信があった。だが、大きな木を積み、池の上をわたろうとしていたとき、池の氷がわれ、トーマスに救出してもらうことになってしまった。テレンスは寒さにふるえながら、きちんと考えて行動することの大切さに気づいた。

きちんと安全を考えて行動すること

165

68 デイジー
DAISY

本当に特別かどうかを決めるのは、見た目じゃなくて何をやるかってこと。

（デイジーとハーヴィー／21）

緑色のボディをした、ソドー島で唯一のディーゼル気動車。客車をひかなくとも乗客を運ぶことができる。乗客からの人気もあるが、気難しい性格のため、車内がよごれるのをいやがって子どもたちを乗せなかったことがある。

おごらずに役割を果たすこと

デイジーととくべつな おきゃくさん（TV第20シリーズ）

超一流の劇団メンバーを乗せる仕事をまかされたデイジーは、その特別さを大げさにじまんして回っていた。完璧な状態でいたかったので、途中の駅でデイジーを待っていた子どもたちを乗せずに通過してしまう。しかし劇団メンバーはデイジーの予想とちがい、子ども向けの人形劇をするふたり組だった。劇に必要だった古い貨車も、観客の子どもたちも、デイジーは置いてきてしまったのだ。デイジーはみんなをがっかりさせてしまったことを反省した。その後、デイジーは自分自身を舞台にするというアイデアを思いついたことで、みんなといっしょに人形劇を楽しむことができた。

69 ライアン
RYAN

これから
アールズバーグの港に
行くからつれて
行こうか？　息抜きに！

（ジュディとジェロームのぼうけん／20）

紫色のボディをしたタンク式機関車。デイジーと同じ支線ではたらき、貨車をひくことが仕事。自分のしたい仕事だけをするデイジーに代わって仕事を引き受けたり、バネがのびたデイジーをディーゼル整備工場へ運んだことも。

ライアンとデイジー
（TV第20シリーズ）

ライアンとデイジーはとても役に立つ機関車であることを評価されて、新しい仕事をまかされた。しかしデイジーは乗客を運ぶ仕事以外はやりたくなかった。役に立つ機関車になりたかったライアンは、デイジーの分まで仕事を引き受けていそがしくはたらいた。そのせいでつかれていたライアンは、同時にいくつもの仕事をやろうとして、すべて中途半端になってしまった。混乱と遅れを生じさせてしまったことをはずかしく思うライアンに、トップハム・ハット卿は友だちを手伝うだけでなく助けてもらうことも大切だと注意した。デイジーはライアンにあやまり、やりたくない仕事にも向き合うようになった。

友だちを手伝うだけでなく、助けてもらうことの大切さ

167

70 ドナルド
DONALD

兄弟ですから、この雪の中にこれ以上放っておけませんです！
（ドナルドとダグラスはふたご／20）

黒いボディのテンダー式蒸気機関車。ダグラスといっしょに貨物列車を引くのが仕事。プライドが高く、おこりやすい性格だが、ふたごのダグラスとはいくらけんかをしても、いつも自然に仲直りをしている。

相手を思いやって行動すること

［ ドナルドとダグラスはふたご（TV第20シリーズ）］

ある日、ドナルドとダグラスはいっしょに除雪作業をしていた。そして次の仕事について意見が対立し、引っぱり合っているうちにダグラスと炭水車が切れてしまった。けんか別れしたドナルドは、自分がダグラスの炭水車まで引いて走っていることに気づかなかった。トーマスに指摘されて、ダグラスを雪の中においてきてしまったのだと心配になり、あわててさがしに行った。炭水車のないダグラスは雪の中で動けなくなっていた。ドナルドも水を使いきってしまったが、ダグラスの炭水車にのこっていた水を使っていっしょに整備工場に向かうことにした。ふたごの機関車はいつの間にか仲直りしていた。

71 ダグラス
DOUGLAS

助けに来てくれた
おかげで、もう
ホカホカ気分ですよ。
（ドナルドとダグラスはふたご／20）

黒いボディのテンダー式蒸気機関車。ドナルドとはふたごで、いっしょにスコットランドからやってきた。おこりっぽい性格で、ドナルドとよくけんかをするが、雪にうもれたヘンリーをいっしょに助けたことも。線路の雪かきが得意。

[あいだにはいったエミリー （TV第21シリーズ）]

ある日、ふたごのドナルドとダグラスは、重い鉄のパイプを乗せた貨車を運ぶ仕事をまかされた。ドナルドは貨車の前へ、エミリーとダグラスは後ろに連結された。しかし、エミリーとダグラスが楽しそうに話している様子からドナルドはいら立ってしまう。途中でダグラスとドナルドは場所を入れかえるが、次第にけんかははげしくなり、エミリーだけで重い貨車を支えなければいけなくなったとき、貨車を支えきれずについにエミリーは脱線してしまった。ダグラスとドナルドは自分たちの行動がトラブルを引き起こしたことを反省し、協力することの大切さに気づいた。

協力することの大切さ

72 ウィフ
WHIFF

自分の仕事をしっかりやれば、ぼくも立派な機関車になることができるんだ。

（ウィフのねがい／16）

ゴミ集め専用の小型タンク式機関車。ボディのよごれも気にせず、立派な機関車になりたいと一生懸命、スクラフといっしょにはたらいている。丸いめがねをかけているのが特徴。

立派な機関車とは大きくて強いのではなく、役割をしっかりはたす機関車であるということ

［ ウィフのねがい ］
（TV第16シリーズ）

ある朝、ウィフは線路をふさいでいるゴミの貨車をかたづけるようトップハム・ハット卿にたのまれた。するとスペンサーが、立派な機関車は力が強くて速くて大きな音を出すもので、ゴミは運ばないと言った。ウィフは立派な機関車になりたくて、ほかの機関車を手伝った。しかし運んでいなかったゴミの貨車のせいで、パーシーに追突してしまう。ウィフは自分の仕事をしっかりやっているパーシーを立派な機関車だと思った。そして手伝った分の貨車も、ゴミの貨車も全て運び終えた。スペンサーから意地悪を言われても気にならなかった。ウィフはトップハム・ハット卿たちから役に立つ機関車だと賞讃された。

73 スクラフ
SCRUFF

ゴミを集めたり、運んだりする仕事の機関車。ボディがよごれていても、それを自分らしいと思っているが、ピカピカにみがいてもらった時は生まれ変わったようなうれしい気持ちだった。ウィフとゴミ集積場ではたらいている。

スクラフのだいへんしん
（TV 第17シリーズ）

ゴミの集積場ではたらくスクラフはゴミ集めが好きだ。役に立つ仕事をしている誇りがあり、みんなとちがってボディのよごれも気にならなかった。スクラフは整備工場でペンキをぬり直すことになり、いやな気分だった。しかしきらきらになった自分がとても気に入ったので、ボディがよごれる集積場の仕事をやりたくなくなった。新しい別の仕事を探しに行くが、みんなはそれぞれ特別な仕事を持っていて、代わってもらうことができなかった。ゴードンにさとされ、見た目よりも役に立つ機関車であることが大切だと気づいたスクラフは、ゴミ集積場でふたたびウィフといっしょに仕事をした。

自分のかっこうを気にするよりも仕事をやりとげることの大切さ

74 ディーゼル10
DIESEL 10

おれのじゃまをするな。おろかな蒸気機関車め。

（劇場版 きかんしゃトーマス ディーゼル10の逆襲）

黄色いボディのディーゼル機関車。シャベルの「ピンチー」が屋根についていて、威嚇したりする。パーシーをだましてソドー整備工場を占領したり、ティドマス機関庫のクリスマスの飾りを盗んだことがある。

（いやなことをされても）親切にしてプレゼントを贈り合うのがクリスマス

［ きえたクリスマスのかざり（TV第17シリーズ） ］

もうすぐクリスマスをむかえるソドー島。ディーゼル整備工場にはクリスマスの飾りがあまりなく、ディーゼル10はそれを不満に思っていた。その日の夕方、トーマスたちはティドマス機関庫にあったはずのクリスマスツリーがなくなっていることに気づく。次の日はイルミネーションがなくなり、さらにその次の日にはディーゼル10が飾りをうばっていくところをパーシーが見つけた。ディーゼル10はトップハム・ハット卿が蒸気機関車ばかりを大切にしていると思っていたが、実はディーゼルたちにもプレゼントが用意されていて、かんちがいだったことに気づいた。

きかんしゃトーマス と 非認知能力 の関係性を探る

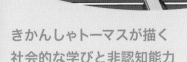

「『きかんしゃトーマス』を観ると非認知能力が上がる？」。そんなストレートな疑問に東京学芸大こども未来研究所の先生に答えていただきつつ、『きかんしゃトーマス』と非認知能力の関わりについて考えます。

きかんしゃトーマスが描く
社会的な学びと非認知能力

南浦　『きかんしゃトーマス』には、キャラクターが数多く登場します。ストーリーごとに登場するキャラクターも異なりますよね。それぞれの関係性やその場で起こるトラブルに際して、それまでにはなかった感情や能力が引き出される、まずここの点が非認知能力と大きく関わるポイントかなと思います。

正木　そうですね。子どもたちは登場するキャラクターに共感したり、感情移入したり、自分だったらどうするだろう？　と考えたりしながら、『きか

んしゃトーマス』の世界と現実を行ったり来たりします。これが、非認知能力を培っていく原体験になりうると思っています。

森尻　いわゆるアニメって、固定のキャラクターがいて、1回限りの悪者が登場するというパターンが多いじゃないですか。ところが『きかんしゃトーマス』は、さまざまなキャラクターが

正木賢一 先生
東京学芸大学卒業後、デザイン事務所を経て現在、東京学芸大学教育学部芸術・スポーツ科学系准教授。グラフィックデザインが専門。

森尻有貴 先生

東京学芸大学教育学部教育学研究科講師。専門は音楽教育学。音楽教育を音楽心理学の側面から研究。また、イギリスの音楽教育の研究も行う。

繰り返し登場するんです。そのたび、新しい関係性が垣間見られるんですよね。例えば、ゴードンがトーマスと関わるストーリーがあれば、ゴードンがパーシーと関わるストーリーもあって、ゴードンはそれぞれのストーリーで異なる表情や感情、態度を見せてくれる。これはゴードンとトーマス、ゴードンとパーシーの関係性に違いがあるから起きることです。こうやってキャラクターの多面性やアイデンティティを自然に描いているところが『きかんしゃトーマス』の特徴ですね。

正木 ストーリーには、日常的に子どもたちが体験するような話題やトラブルが盛り込まれています。子どもらしい駆け引きや仲間意識、使命感がある一方で、働くことにまつわるトピックスも豊富。これは、彼らがこれから生

きる社会に繋がる話でもあります。

森尻 口で「いいよ」と言っているけれど、表情では「いやだな」と思っているというようなシーンも登場しますよね。声のトーンや表情、間合いといったものから、「いいよ」の裏にある感情に気がつくきっかけにもなるんではないでしょうか。

南浦 『きかんしゃトーマス』を観ている子どもたちは、ストーリーごとに問題解決のパターンを視覚的にも感覚的にも増やしていくことができます。でもそれはあくまでも一個人に対してのパターンで、誰にでも応用できるというわけじゃないんですよね。

森尻 確かに場面判断の蓄積にはなるけれど、それがそのまま非認知能力が高いということにはなりません。

きかんしゃトーマスを観ると非認知能力が上がる？

森尻 非認知能力はコミュニティーや人間関係のなかで、発揮される能力です。能力という文字がつくことで、大人はどうしても難しい漢字が書けるとか、難易度の高い計算ができるという

ようなスキルをイメージしてしまいがちですが、そういった表面的な技量ではないということをまず、理解することがとても大切。〇〇ができたから、非認知能力が高い、そう短絡的に判断できない能力であると知る必要があります。

南浦 『きかんしゃトーマス』に出てくるキャラクターたちは、失敗や気づきを繰り返してはいるけれど、成長していないと思うんです。

森尻 ストーリーごとにいろいろと学ぶけれど、次のストーリーが始まるとゼロに戻っているような感じがありますね。5歳児のまま、永遠にループしてるというか。対して子どもたちは、『きかんしゃトーマス』のストーリーだけでなく、日々の暮らしのなかでもさまざまな経験を重ねて変化をしていますよね。

南浦 僕ら大人は、それを「子どもの成長」と簡単に片付けがちなんだけど、それって本来は「経年変化」ですよね。子どもは時間経過とともに変化をしているだけなんだけど、親や大人の方が

そこに成長してほしいという願いを込めすぎてしまう。それは息苦しさを生み出す原因にもなり得ます。

森尻 子どもたちは、「今成長している！」なんて思っているわけではないですね。例えば、跳び箱が飛べるようになったというような認知的なことに対しては、成長したと感じるかもしれないけれど、非認知的な能力を成長と結びつけることは、おそらくほとんどないのでは？

南浦 時間経過と何かしらの能力が身につくことは、比例するわけではありません。簡単に成長しなくてもいい、経験を重ねること自体に意味があると大人の方がどんと構えられるといいですよね。

正木 『きかんしゃトーマス』と非認知

南浦涼介 先生
東京学芸大学教育学部日本語・日本文学研究講座准教授。外国人児童生徒に対する日本語教育、および学校における教科教育が専門。

能力の研究を通じて、子どもたちが無邪気に遊んでいるところを見ているとリハビリを受けているような感覚になります。物事をどうしても複雑に考えすぎてしまう大人と違い、子どもたちはもっとシンプルに気づきに向き合っているんです。新鮮さがあるというのかな。それだけで十分、子どもたちにとっては、非認知能力を培う糧になっています。

強い育ちを後押しする 大人のあり方

南浦 大人は『きかんしゃトーマス』と非認知能力の関わりに、即効性のある答えを求めてしまいがちですよね。

正木 でも、子どもの成長は「今」だけを切り取って、いい悪いを決めることができない。

森尻 教育には、20年、30年先を見据える視点が必要不可欠かと。

正木 ですから、『きかんしゃトーマス』を子どもと一緒に観たり、読んだりするときも非認知能力を引き出すとかそういうことは一旦、おいておき、「今日のストーリーはどうだった？」となにげない会話をしてもらいたいんです。

南浦 「自分ならどうする？」とかね。

正木 会話をすることは子どもたちが『きかんしゃトーマス』を観て、インプットしたものをアウトプットする手助けになります。感想が言えることが正解ではもちろんないので、「面白かった」のひとことでも十分。

森尻 「ゴードンはここで謝ったけど、ママなら謝らないな」みたい感じで会話が広がるといいですよね。

南浦 そもそも問題を起こさなければよかったなんていう視点が生まれてもいい。

正木 言葉にできない子どもは、絵や歌で表現する場合もあるでしょう。

森尻 非認知思考体験ですね、まさに。

正木 ケーススタディになりますよね。白黒、答えを出す必要はないんです。大人に求められているのは、子どもが何を考え、どう感じるかを手助けすること、そしてその瞬間を観察し、どんな答えも一度、受け止めること。

南浦 非認知能力を得たか、得なかったかという視点ではなく、ストーリーに起こる問題とその問題を乗り越える葛藤やプロセス、解決したときに気持ちを子どもたちが、あるいは大人も一緒に体感し、話し合うこと自体を大切にできるといいですね。

正木 答えや結果の前に、『きかんしゃトーマス』に触れるなかで、自分の子ども時代を思い出し、子どもたちと接してみてもらえたら、と思います。

 対 談 を 終 え て ひ と こ と

『きかんしゃトーマス』の世界には、子どもたちにとっての「小さな社会」が広がっています。ワクワクするお話をお子さんと一緒に楽しみながら、彼らがちょっと背伸びをして小さな社会の扉を開ける瞬間に立ち会ってみましょう。

『きかんしゃトーマス』に描かれる世界は、大人から見ても魅力的であり、考えさせられ、心を動かされます。乗り物たちが繰り広げる人間味(?)溢れるお話にぜひ触れてみてください。

『きかんしゃトーマス』、私の息子は1歳半のころに出会って、4歳のいまも遊びの中で息づいているわが家のロングセラーです。息子もキャラクターを模しながら、ことばや、社会とのかかわりを学んでいるみたいです。

大井川鐵道を

静岡県島田市の金谷駅から静岡県榛原郡川根本町の千頭駅にかけて本線をかまえる大井川鐵道は、2014年にアジア初となる「きかんしゃトーマス号」の走行を行いました。それ以降、ジェームスやフリンも次々に登場し、千頭駅ではヒロやパーシー、ウィンストンたちにも会うことができます。

　トーマス号の噴き上げる蒸気や熱気、その音の大きさは私たちの五感を通して、とても強いリアリティを感じさせてくれるのに加え、実際に乗車すると、トーマス号は優しく話しかけてくれ、外を見るとバスのバーティーが道路を伴走してくれており、アニメーションの世界と現実の世界が混ざり合った、独特の味わいが楽しめます。

　大井川鐵道にある転車台は、大きな機関車の向きを変えるために、とても重要な働きをしています。何人もの作業員の方が力を合わせてジェームスの向きを変える姿は圧巻です。こうして向きを変えてもらうことで、

走るトーマス

　ジェームスは走り続けることができ、役に立つ機関車として活躍できるのです。

　大井川鐵道では、古くなり、使われなくなってしまった鉄道車両を大切に整備・保存することで、活躍し続けることができるように取り組んでいます。古い車両のため、部品が手に入らないものは手作りするなどして、１台１台の車両をとても大切にしています。グリンやスティーブンのように、古くても自分にできる役割をしっかりと果たしている機関車が、大井川鐵道にもたくさんいるのですね。

（撮影：2018年７月／最新の運行情報は大井川鐵道公式
ホームページにてご確認ください。）

文／小田直弥

きかんしゃ

　ソドー島で活躍する機関車たちは、物や人、ときには動物を、その時々に必要な場所へ運んだり、自分たちの島を安全で清潔に保つために、それぞれの良さを活かすことのできる役割を持っています。大きな音が苦手な羊も、静かに走ることができるスタフォードの手にかかれば安全に運ぶことができますし、ウィフとスクラフはボディが汚れることを気にせず、ソドー島のゴミを集めています。

　『きかんしゃトーマス』のお話は、ソドー島がたくさんの人や機関車にとってより良い場所であり続けるために、それぞれのキャラクターが自分や仲間たちの個性を認め、活かしあっていく物語だと言えます。こうした内容は、いま、私たちの生きる社会でもとても大切な考え方とされており、SDGs（持続可能な開発目標。右ページの図とキャプション参照）というキーワードで、たくさんの企業やNPO法人等による取り組みが加速化するほか、2020年度からは日本全国の学校でも取り上げられています。

　『きかんしゃトーマス』は未来を担う子どもたちのために、国連との共同企画としてSDGsの紹介をスタートし、2019年から始まったアニメーション新シリーズ（第22シリーズ）では、「目標4　質の高い教育をみんなに」「目標5　ジェンダー平等を実現しよう」「目標11　住み続けられるまちづくりを」「目標12　つくる責任つかう責

持続可能な開発目標（SDGs）とは：https://www.unic.or.jp/activities/economic_social_development/sustainable_development/2030agenda/（国連広報センターHP）

トーマスとSDGs

任」「目標15　陸の豊かさも守ろう」を、全26話中、9話に盛り込んだシナリオになりました。

　こうした流れによって、私たちとトーマスの関係性も新しくなります。それは、私たちはこれまで、ソドー島の中でのトーマスたちの活躍を楽しんでいたのに対し、ついに彼らがソドー島を出て、私たちと同じ世界にある中国やオーストラリア、インドへ大冒険し始めたからです。そこで描かれる物語を目の当たりにすることで、『きかんしゃトーマス』はより力強く、私たちへメッセージを伝え始めたと実感できるでしょう。

SDGs は Sustainable Development Goals の略称で、2015年9月の国連サミットで採択された、2030年までに達成すべき17の目標のこと。

文／小田直弥

いくつかのお話が

　『きかんしゃトーマス』のいくつかのお話は、どこかの国で本当に起きた出来事からつくられています。

　例えば、「トーマスとさかなつり」というお話。橋を通って川を眺めるたびに、トーマスは釣りに行きたいと願っていました。ある時、トーマスはのどがかわいてしまい、水タンクに水を入れようとしますが、給水塔が壊れてしまっていました。仕方がないので、操縦士と助手は、水タンクに川の水をくみました。しばらくすると、トーマスは「爆発する！　爆発する！」と大声を上げます。トップハム・ハット卿と作業員が到着し、水タンクを覗くと、そこには魚が泳いでいたのです。こんなお話、本当にあったとは信じがたいのですが、ウィルバートもとある記事を見た時、目をまるくしてしまったのでしょう。記事には「鉄道で働く助手が、水タンクをきれいにするため、そこで魚を飼っていた。」と書かれていたのです。

　また、「きかんしゃゴードンの脱線」というお話は、きかんしゃトーマスの大ファンだったリチャードという小さな少年がヒントをくれました。彼は、「90トンの大型機関車が、方向転換をするため転車台にのった。転車台が半分回ると、機関車が動いて、約2メート

生まれたきっかけ

ル滑り落ちてしまった。」という新聞の切り抜きを送ってくれました。この記事はやがて、こんなお話になりました――。貨車を引くのが嫌いなゴードンは、わざと転車台に車体をひっかけて、仕事をサボろうとします。ゴードンは少しだけ前に出るつもりでした。しかし、うっかり堀に落ちてしまい、みんなから笑われてしまうのでした。

　ウィルバートはリチャードにこの本と手紙を送り、後日、彼から返事が届きました。

『オードリーさんへ。お手紙と本、とっても嬉しかったです。毎日大切に持ち歩いています。学校に持って行って、先生や校長先生にも見せました。また汽車の面白い記事を見つけたら送りますね！　トーマスの大ファン　リチャードより』

　リチャードには、目の前を走る汽車たちが、トーマスの世界と同じように映っていました。このような小さな協力者の力もあって、『きかんしゃトーマス』のお話は1つずつ生まれていったのです。

文／名嘉眞静香

紅茶と帽子と

紅茶

　イギリスは、古くからお茶の文化に親しんできました。昔から様々な茶葉を輸入してきましたが、特に紅茶はイギリス人の生活と密接な関係があります。もともとは、貴族や王室で親しまれていたお茶の慣習ですが、現代では市民も幅広く楽しんでいます。生活の中でも、朝食時に頂くブレックファスト・ティーや、午後にスコーンなどと一緒に頂くアフタヌーン・ティーなど、様々な楽しみ方があります。『きかんしゃトーマス』の中でも、トップハム・ハット卿が手にティーカップを持っていることがあるかと思います。ティーカップで紅茶を飲む姿は、イギリス文化の象徴としても、アニメーションの中で描かれています。

帽子

　『きかんしゃトーマス』のアニメーションの中には、乗客が帽子をかぶっている姿をよく目にすると思います。イギリスでは、伝統的に帽子はフォーマルな装いの一部です。今でも、結婚式やパーティーなど特別な日には美しい帽子をかぶります。また、飾りのついたヘアバンドや豪華な装飾がついた帽子はファシネーターと呼びます。

クリスマス

イギリスの人は、ファッションやマナーの一部として頭を飾ることも考えて装いをコーディネートしているのです。

行事

　クリスマスはイギリスをはじめとするヨーロッパでは、とても大切な神聖なる行事の一つです。行事は、その国の文化や宗教などによっても重要性や意味合いが変わってくると思います。今でもヨーロッパの多くの都市では、12月25日はお店が閉まり、交通機関も止まり、家族と静かにゆっくり過ごす時間とされています。クリスマス前は教会に足を運ぶ人も多く、家ではクリスマスのご馳走を準備します。クリスマスに間に合うようにクリスマスカードやプレゼントを送り、街行く人々には「メリークリスマス」と声を掛け合う姿があります。年賀状を送ったり、「良いお年を」と声を掛け合ったりする、日本の年末年始の感じに似ているかもしれません。クリスマス前に家族のもとへ帰り、大切な日を過ごす人たちのために『きかんしゃトーマス』でも多くの仕事をしている姿が描かれています。

文／森尻有貴

研究対象としての『きかんしゃトーマス』

　『きかんしゃトーマス』は、絵本やおもちゃ、アニメの中で、世界中の多くの人たちに愛されてきました。その一方で、子ども向けのキャラクターとしては珍しく、研究の対象となっている一面もあります。

　英国自閉症協会（The National Autistic Society, NAS）は、自閉症の子どもたちは『きかんしゃトーマス』のキャラクターに対して、他のアニメーション等のキャラクターよりも強い愛着を示し、その愛着が長く続くことを報告しています。トーマスたちは子どもたちに心地よさや安心感をもたらす「友だち」のような役割があると分析していて、これはSecurity blanket（安心感を得るために常にそばに置く対象）としての機能があるとも言われています。

　また、『きかんしゃトーマス』に出てくる数字や色、セリフ、顔の表情などから、子どもたちが学び取っていることが生活上のスキルとしても役立っていることも報告されています。オーストラリア自閉症スペクトラム（Autism Spectrum Australia, Aspect）でも調査を実施したところ、結果は英国での結果と類似しており、とりわけ、他者の感情理解や表情の理解に関して、『きかんしゃトーマス』の視聴が助けになっていることを強調しています。

　他にも、トーマスのキャラクターは親子間のコミュニケーションに役に立っていることや自閉症の子どもたちの社会的スキルや言語能力、情緒面の成長などの側面での教育的効果が報告されています。本研究は、これまでの自閉症児への研究を受けて、より幅広い子どもたちを対象に行ってきた成果の一部です。

文／森尻有貴

トーマスからの卒業

『きかんしゃトーマス』を非認知能力の観点から調査し始めて以降、連絡を取っていた保護者の方より、「そろそろうちの子、トーマスから卒業するかも」という声をある時、聞きました。トーマスたちがいないとお出かけをしてくれなかったり、泣いてしまったり……と、そんなにまでトーマスに夢中になっていたにもかかわらず、気づけば興味が次に移り、新しい「夢中」へと身を投じている子どもの姿は、子育てをされている方であれば、きっと想像ができると思います。

　子どもたちは、なぜ『きかんしゃトーマス』から卒業をするのか。この問いは、とても興味深く、我々の研究チームではたくさんの意見交換がなされました。その時は、歳を取らないためにおおよそ一定の世界観を提供し続けるトーマスたちと、歳を取り、変化し続ける子どもたちの違いが挙げられました。

　トーマスたちがソドー島で繰り広げる物語は、仲間との関係性や鉄道に混乱が生じる原因や過程、それらがどのように解決されていくのかという複数の要素が入り組んでいるため、複雑なお話ともいえます。最初は、その複雑さに面白みを感じていた子どもが、繰り返しトーマスのお話を見ていくうちに、もっと複雑なお話に興味を持ち始めるから離れていくのかもしれません。

　また、子どもが成長し、自分の生活する社会についての知識が広がることは、まさに「認知能力」が広がっていることともいえるでしょう。

　「トーマスからの卒業」とは、子どもたちが認知能力の成長と共に、新しく複雑な物語や、言葉では言い表せられない非認知能力につながる冒険を求めていくことではないでしょうか。そのような視点で捉えると、ここでいう「卒業」とは、子どもたちが決して非認知能力的なものを楽しんでいるだけではなく、非認知能力と認知能力の両方のバランスの中で生きている証なのかもしれません。

おわりに

　2020 年は、きかんしゃトーマスの原作「汽車の絵本」シリーズが発刊されてから 75 周年となる記念の年でした。10 月 31 日からは、札幌を皮切りに原作出版 75 周年「きかんしゃトーマス展〜ソドー島のなかまたちが教えてくれたこと〜」が開催され、開催初日に我々も伺いました。会場にはきかんしゃトーマスが大好きな子どもたち、そして子どもよりも真剣に、お話の解説やジオラマを見る親御さんたちの姿もありました。文字を読んであげたり、絵の説明をしてあげたり、ジオラマに夢中になる子どもを遠目から見守っていたり。そうした親子の関わりひとつひとつが、とても温かな教育場面に見えました。

　この本のコンセプトである「非認知能力」について、少し難しい印象をお持ちの方もいるかもしれません。しかし、『きかんしゃトーマス』のお話を見たことがあれば、失敗しても最後まであきらめずに頑張ることや、自分のできることに誇りをもつことなどによって、機関車たちがたくましくソドー島で活躍していることをご存知だと思います。それらがソドー島に限らず、私たちの世界においても、社会で活躍していくために重要な視点、すなわち「非認知能力」だといわれています。

　『映画　きかんしゃトーマス Go! Go! 地球まるごとアドベンチャー』[*]を皮切りに、トーマスたちはソドー島という架空の島を飛び出し、私たちの生活するこの世界を旅するようになりました。ソドー島における文

化や地理的・産業的特徴に対する機関車と人々の役割に加えて、私たち
の世界の本当の問題、例えばオーストラリアで起きた山火事のお話では
動物を大切にすることなどがテーマとして扱われるようにもなりました。
トーマスたちはここ数年で、より幅広く、そして私たちにとってより身
近な問題を投げかけてくれる存在になったのです。

　これまで『きかんしゃトーマス』の研究の多くは、186ページのコ
ラムにもありますように、自閉症の子どもたちにおける効果を検討した
ものでしたが、本研究では、幅広い子どもたちを対象に研究を進めてき
ました。今後も、より多くの人たちに貢献できるような研究が広がって
いくことを期待します。

　最後に、展示会でふと耳にしたとあるお母さんの言葉をお伝えしたい
と思います。

「2歳の時に、このお話を何回も読んであげたんだよ、覚えてる？」

　この言葉から感じられるたくさんの愛を、そしてその自然な教育の姿
を、トーマスの生みの親、ウィルバート・オードリーも心から祝福して
くれることでしょう。

　そして、本書も、そのお話のような存在に近づけることを信じて。

東京学芸大こども未来研究所　小田直弥

＊テレビシリーズ『きかんしゃトーマス』の長編シリーズ第14作目。
日本では2019年4月5日より劇場公開された。

参考文献

きかんしゃトーマスに関する資料

Wilbert Vere Awdry、George Awdry『The Island of Sodor: Its People, History and Railways』Heinemann Young Books、1987年

Wilbert Vere Awdry『Thomas the Tank Engine: The Complete Collection』Heinemann Young Books、1996年

秋山岳志『機関車トーマスと英国鉄道遺産』集英社、2010年

ソニー・クリエイティブプロダクツ、渋谷出版企画他『絵本原画展　きかんしゃトーマスとなかまたち』サンエムカラー、2013年

Brian Sibley『The Thomas the Tank Engine Man: The Life of Reverend W. AWDRY』Lion Books、2015年

マテル・インターナショナル株式会社、ソニー・クリエイティブプロダクツ、株式会社ポプラ社他『原作出版75周年　きかんしゃトーマス展』東映株式会社、2020年

非認知能力に関する資料

遠藤利彦、小林登、一色伸夫「第80回公開シンポジウム子育て・子育ちの基本について考える～アタッチメントと子どもの社会性の発達～」『子ども学』第14号、129-156頁、2012年

ジェームズ・J・ヘックマン（大竹文雄解説、古草秀子訳）『幼児教育の経済学』東洋経済新報社、2015年

文部科学省「幼児期の非認知的な能力の発達をとらえる研究―感性・表現の視点から―」2016年
http://www.zenfuren.org/shorui/ochayouitaku
kennkyu/honnbunn.pdf
※平成27年度文部科学省「幼児教育の質向上に係る推進体制等の構築モデル調査研究：いわゆる『非認知的な能力』を育むための効果的な指導法に関する調査研究」として国立大学法人お茶の水女子大学が実施した。

遠藤利彦「非認知的（社会情緒的）能力の発達と科学的検討手法についての研究に関する報告書」『平成27年度プロジェクト研究報告書』国立教育政策研究所、2017年

ポール・タフ（高山真由美訳）『私たちは子どもに何ができるのか―非認知能力を育み、格差に挑む』英知出版、2017年

経済協力開発機構（OECD）編著、ベネッセ教育総合研究所企画・制作（無藤隆・秋田喜代美監訳）『社会情動的スキル‐学びに向かう力』明石書店、2018年

西田季里、久保田（河本）愛子、利根川明子、遠藤利彦「非認知能力に関する研究の動向と課題―幼児の非認知能力の育ちを支えるプログラム開発研究のための整理―」『東京大学大学院教育学研究科紀要』第58巻、31-39頁、2018年

中山芳一『学力テストで測れない非認知能力が子どもを伸ばす』東京書籍、2018年

中山芳一『家庭、学校、職場で生かせる！自分と相手の非認知能力を伸ばすコツ』東京書籍、2020年

コラムに関する資料

Brian Sibley, The Thomas the Tank Engine Man, p104-111

Brian Sibley, The Thomas the Tank Engine Man, p150/p199-200

W.Awdry, The Island of Sodor, THOMAS
秋山岳志，機関車トーマスと英国鉄道遺産，p113-115
きかんしゃトーマスはじめて物語　dvd

The National Autistic Society (2002). Do Children with Autism Spectrum Disorders Have Special Relationship with Thomas the Tank Engine and, if so, Why? Executive Summary February 2002.

Javed, H., Connor, O. B. and Cabibihan, J.J. (2015). Thomas and Friends: Implications for the Design of Social Robots and their Role as Social Story Telling Agents for Children with Autism. Proceedings of 2015 IEEE International Conference on Robotics and Biomimetics. 1145-1150.

Young, R.L. and Posselt, M. (2012). Using the transporters DVD as a learning tool for children with Autism Spectrum Disorders (ASD). Journal of Autism and Developmental Disorders, 42 (6), 984-91.

ASPECT (2010, May). Thomas The Tank Engine helps children with autism. Scoop world. Press release: Retrieved from: https://www.scoop.co.nz/stories/WO1005/S00204.htm

東京学芸大こども未来研究所

正式名称は特定非営利活動法人 東京学芸大こども未来研究所。

「あそびは最高の学び」をテーマに、国立大学法人東京学芸大学を中心とした教育に関する研究活動や成果を、広く社会へ還元していくことを使命としている、全国でも数少ない国立大学法人が母体の NPO 法人。

大学が生み出す「知」を活かし、産学官と連携していくことで、公的または商業サービスだけでは担いきれない課題を解決することを目指す。

総合監修	小田直弥（東京学芸大こども未来研究所 専門研究員／プロデューサー）	ブックデザイン	長谷川 理
	森尻有貴（東京学芸大学 講師）	DTP	川端俊弘（WOOD HOUSE DESIGN）
	正木賢一（東京学芸大学 准教授）	編集協力	株式会社ソニー・クリエイティブプロダクツ
	南浦涼介（東京学芸大学 准教授）		大井川鐵道株式会社
			長澤佳奈子（東京学芸大学大学院 修士2年）
			名嘉眞静香（東京学芸大学学部4年）
			髙野雄生（東京学芸大学教職大学院2年）
			滝沢悠
			後藤知江
			山根あかり
			小池彩恵子（東京書籍）
		企画	小田直弥（東京学芸大こども未来研究所 専門研究員／プロデューサー）
		企画・編集	金井亜由美（東京書籍）

THOMAS & FRIENDS

きかんしゃトーマスでつなげる 非認知能力（ひにんち のうりょく） 子育て（こそだて）ブック

2021年1月27日　第1刷発行
2021年3月16日　第3刷発行

著　者	東京学芸大こども未来研究所（とうきょうがくげいだい みらいけんきゅうじょ）
発行者	千石雅仁
発行所	東京書籍株式会社
	〒114-8524 東京都北区堀船2-17-1
	電話　03-5390-7531（営業）
	03-5390-7512（編集）
	https://www.tokyo-shoseki.co.jp
印刷・製本	株式会社リーブルテック

ISBN978-4-487-81407-7 C0095